知识就在得到

笔记的方法

刘少楠 刘白光 著

新星出版社 NEW STAR PRESS

目录

CONTENTS

\# 推荐序　我读这本书的15个收获　　　　　　　　001
\# 推荐序　好笔记是智慧的土壤　　　　　　　　　005
\# 自　序　记笔记，是为了增援未来的自己　　　　011

第一部分 · PART ONE ·
应用篇
如何用笔记，增援未来的自己　　　　　　　　　　022

第二部分 · PART TWO ·
记录篇
如何记笔记，做好信息预处理　　　　　　　　　　036

\# 用自己的话记笔记　　　　　　　　　　　　　　039
　　为什么要用自己的话记笔记　　　　　　　　　041
　　建议一：开始吧，记录你自己的想法　　　　　052
　　建议二：记录有启发的内容　　　　　　　　　060
　　建议三：记录反直觉的信息　　　　　　　　　068
　　建议四：记录让自己情绪波动的事情　　　　　076
　　建议五：记录自己的实战经验　　　　　　　　084
　　建议六：精炼核心内容　　　　　　　　　　　093

\# 用标签为笔记分类　　　　　　　　　　　　　　105
　　为什么要用标签为笔记分类　　　　　　　　　107
　　案例一：以精进领域为导向的I.A.P.R法　　　114
　　案例二：以辅助决策为导向的分类方法　　　　125
　　好用的分类方法有什么特征　　　　　　　　　134

建议一：结合需求，先借鉴再改造　　141
　　建议二：标签越来越乱？两步维护知识网络　　148
　# 通过回顾持续刺激　　155
　　为什么要通过回顾持续刺激　　157
　　怎样实现更好的回顾　　170

第三部分 PART THREE 收集篇
如何做筛选，获取高质量信息　　188

　　审视自己和信息之间的关系　　191
　　三项原则，掌握获取信息的主动权　　199
　　建议一：做减法，削减你的信息源　　205
　　建议二：做加法，增加书本之外的优质信息源　　212
　　建议三：做乘法，用多重视角看待信息　　220

第四部分 PART FOUR 心法篇
以我为主，持续不断　　230

　# 以我为主　　233
　　知识那么多，究竟该积累什么　　235
　　以我为主，审视知识　　241
　　构建你的提问机器　　245
　# 持续不断　　249
　　持续不断的价值　　251
　　打造持续不断的系统　　256

附录　工具篇　　265
后记　这本书的出版是一场"慢直播"　　281

推荐序
我读这本书的15个收获

得到App创始人、《阅读的方法》作者　罗振宇

我决定把这篇推荐序写得像一组笔记。

它只有一个任务：为你"剧透"我读这本《笔记的方法》的15个收获。

1. 重新认识记笔记。它不是记给别人看的，而是记给自己看的。它不是写完就扔的废纸，而是增援自己的魔法。想象一个场景，你今天记的每一条笔记，都相当于给未来的自己递去一张小纸条：嘿，我有一个好主意……

2. 抓准契机记笔记。比如读书过程中，你突然发现有个答案很厉害，解决了一个自己原来没有意识到的问题，心里立即狂喜，这就是值得记笔记的AHA时刻。抓住TA！不要让这样的时刻溜掉！

3. 你受启发了，你变兴奋了——这个状态一定有原因，一定是你接收到的信息触发了内心的问题意识。不要放过它，顺着它摸下去，没准儿会收获一个超大的瓜。

4. 收藏≠记笔记。记笔记不是照搬照抄，而是记录你的想法。每次记录前，都要反过来追问自己：我为什么觉得这个事情好？我为什么觉得这个东西妙？剖析自己的内心。坚决不要让自己的头脑，变成别人的跑马场。

5. 用自己的话记笔记。真正的高手其实不藏书，他们有"用自己的话"写成的笔记。记得我跟万维钢老师商量来得到App做课的时候，我说，你能不能做到每天更新？万老师说，我算算啊。他翻了翻自己的笔记本，说"可以，我的存货至少可以干两年"。为什么？因为他每天读大量的书，遇到好东西马上摘下来，然后批注"自己的心得"。

6. 学习是什么？就是把新信息和自己原来的认知结构缝在一起。笔记是什么？就是你接收到的信息，跟记忆结构里那个正在生长的结构对接出来的产物——这才是真正值得记录的东西。

7. 记录你的实战经验。小败或是小胜，都不值得悲喜，重要的是在胜败的结果中听到世界给自己的反馈。看到它，抓住它，改进它。如何做到这一点？试试按照这本书建议的方法，记录实战经验吧。

8. 记录反直觉的信息。还记得那句话吗？"同时保有两种截然相反的观念还能正常行事，是第一流智慧的标志。"

9. 精炼你的笔记内容。一个经典段子说得好：如果你不知道怎么删自己的稿子，就花自己的钱打电报把它发给出版社。记笔记也是如此。这不是文字游戏，而是倒逼思考的好办法。重要的不是记录，而是思考。

10. 为你的笔记打标签。什么是好的"标签"？不是"分类"，而是将来你可能用到这条笔记的"场景"。比如，我的笔记里就有

"＃段子""＃育儿""＃演讲金句"等标签。只有亲手给自己的笔记打上标签，做好整合、归类，它们日后才能发展出指数级的网络效应。

11. 定期回顾你的笔记。"记忆是思考的残留物"，你对某件事情想得越多，以后就越有可能记住它。

12. 构建你的提问机器。如果说建立知识体系有什么秘诀的话，那就是——不断把自己置于具体问题、具体挑战之中。

13. 探索自我，是一个无止境的过程。正如日本百岁老人日野原重明所说："我终于意识到，原来漫漫人生，最不了解的竟然是自己。"很多人不知道，探索自我这件事，记笔记也可以帮你。

14. 有人说，AI（人工智能）来了，还要记笔记吗？AI遇弱则弱，遇强则强。而记笔记，就是为了让你变成更强的自己。

15. 没有两个人的笔记一模一样，因为笔记里藏着你的偏好、你的思考、你的决策、你的独特人生。读完这本书，我"偷看"了少楠和Light[1]的40多条私人笔记。听这本书的编辑说，作者会觉得分享这些有点害羞；但作为读者，我反而觉得，这恰恰是真实笔记该有的样子，也是一本"笔记之书"所能展现出的最大诚意。

尼采说，我们都是"未完成的人"。

好在，你我都可以通过记笔记这样的小努力，奔赴更好的自己。

谨为序。

---

1. 本书作者之一刘白光。朋友们习惯称他为Light，故本书统一采用此称呼。

推荐序
好笔记是智慧的土壤

《好好学习》《好好思考》作者、"复利人生"思想研究者　成甲

少楠来找我为这本书写序言的时候，我毫不犹豫，一口答应。

这其实不太符合我推荐书籍的风格——通常我要通读完全书，综合评估自己是否有能力并且适合为它写序言或推荐语之后，才会决定是否推荐。

这次我一口答应的原因有三：

首先，我相信少楠和Light在笔记领域的洞察，他们不会交付一个自己拿不出手的作品；

其次，虽然当时我还没看到这本书的内容，但此前我看过读者众筹此书后，少楠和Light发表在小报童[1]上的文稿——虽然不是最终稿，但足以让我了解他们文字的风格和质量；

最后，也是最重要的一个原因：我是一名受益于flomo（浮墨

---

1. 一款付费专栏工具。

笔记)[1]的深度用户。

我在《好好学习》[2]序言中曾提到我生活的一个原则：是什么帮助我的，我就应该用它回馈更多人。

因为我从flomo中受益了，所以我真心希望其他有记笔记的需求，或者有知识管理需求的朋友，也能够找到属于自己的"flomo笔记法"，大幅提升自己学习、思考、创造新成果的效率和质量。

因此，作为一名flomo的用户，能有机会和大家分享一点我在使用flomo笔记的过程中收获的启发和方法，我深感荣幸。

我的受益包括两个层面：

1. 用flomo有效激活碎片化信息的价值

2021年6月的一天下午，我在杭州西溪湿地十里芳菲度假村和少楠见面。少楠充满热情地和我分享了"什么是好的笔记工具"。

显然，过去一段时间他对各种笔记软件进行了深入的研究，分析了每个代表产品背后的设计思想和可能的优缺点。

我清楚地记得，他当时特别欣赏Notion[3]笔记工具的设计理念，说对他启发很大。

在对现有的各种笔记产品进行分析后，他认为，虽然已经有很多好的笔记工具了，但我们仍然需要一款新工具，让每天面对

---

1. 少楠和Light经营的一款笔记软件。flomo这个名字是"flow（流）"和"memo（备忘录）"两个单词的组合，意在帮用户记录自己的想法川流。特别说明：本书介绍的笔记方法通用于包括flomo在内的各种常见笔记工具。

2. 成甲：《好好学习》，中信出版社2017年版。

3. 一款集笔记、知识库、数据表格、看板、日历等多种功能于一体的应用程序。

各种碎片化信息的普通人能够方便地随时记录、保存、编辑，还能同样方便地在多平台同步、查询、整理。

这个想法的实践，就是flomo这款笔记工具。

其实一开始，我并没有完全意识到少楠说的这个产品的价值。直到使用flomo一年半之后，我才意识到它的设计理念多么先进。

知识管理工具的设计，要适应知识管理的应用环境。我们每天从哪里获取信息，获取什么样的信息，决定了我们需要什么样的知识管理工具。

在PC（个人电脑）时代，我们获取信息的途径，除了纸质书籍和杂志外，主要是电脑屏幕上的网页文章。电脑屏幕是我们的主要信息获取和输出媒介，因此，为PC大屏幕开发的笔记工具，就适合当时的知识管理需求。

到了移动互联网时代，我们花更多的时间在手机屏幕上阅读、处理信息。而手机屏幕的特点，决定了碎片化的短小信息越来越多。这些信息似乎有些鸡肋。你说它"碎片化"吧，它确实有启发。你说它有启发呢，又不成体系。

怎么管理这类碎片化信息，就成了PC时代的笔记工具不擅长的事情。

这个问题，被敏锐的少楠和Light发现了。此前少楠就经营着一个颇有影响力的专栏"产品沉思录"[1]。他把多年来对什么是一个好产品的思考，集中投射到了如何做一款全新的笔记产品上。

他们具体怎么想的，大家可以看这本书的内容，我就不赘述了。结果是，他们对flomo进行了极简的设计，给用户带来了极

---

1. 一个关于产品的知识库，主理人是少楠和fonter。

大的便利，也给 flomo 带来了巨大的竞争优势。在原本已经一片红海的笔记工具市场，flomo 用短短两三年杀出了一条新路，不仅屡获大奖，也赢得了一批忠实用户。

对我而言，flomo 允许我把即时的灵感和碎片化的信息便捷地记录下来，并进行分类和回顾。它帮我用积少成多、"零存整取"的方法，建立、丰富、完善了自己独特的知识体系。

2. 用 flomo 解决自己的问题，创造"知识的复利"

少楠和 Light 在书中介绍了他们使用 flomo 的方法，以启迪读者找到自己的方法。我也有一些心得，不敢私藏，在这里分享出来。

首先，在我看来，flomo 便于管理碎片化信息的优势包括：

·非常便捷，打开速度快，基本做到了可以让人随时记录；

·用"@+关键词"的方式，就能快速在不同笔记之间建立连接；

·标签功能输入方便，对于已经建立的标签，还可以随时批量修改；

·搜索功能便捷，可以用多个关键词、多个条件组合搜索，这在笔记数量多的时候，能极大提高查找笔记的效率。

在这些优势的基础上，我和我的同事创造了一些适合自己的碎片化信息管理方法，比如：

(1) 随时录入

每每产生一个念头，我都可以打开 flomo，随时用"语音转文字"的方式录入自己的想法，以待之后加工。

（2）用特殊但标准的格式记录

随着积累的笔记越来越多，查找起来会很麻烦，于是我就用特殊但标准的格式来对自己的笔记进行分类。比如，如果是描述概念的笔记，我会以"概念：XX"这样的格式开头。像金钱的概念，开头就是"概念：金钱"。

如果只用"金钱"这个关键词搜索，那么我可能会搜出几百条笔记，查找起来很困难。但如果搜的是"概念：金钱"这个关键词，那么我搜索到的就会是几乎唯一的一条笔记，这就极大地提升了我的搜索效率。

（3）十字坐标标签法

按特定格式记录的方法适用于查找一篇指定的笔记，但如果我要查找一系列的相关笔记，这个方法就不好用了。

这时就要用到"标签"功能。

关于如何打标签，少楠和Light在这本书里有详细的论述。我的同事王佼在学习少楠、古典等各位老师管理卡片的经验后，基于flomo的标签功能，发展出了一套"十字坐标标签法"，通过为不同类型的素材卡片打类似经纬度的定位标签，在批量提取卡片、集中写作、研究素材等方面获得了极大的便利。

这些方法帮助我在过去一年里完成了几百篇短文，同时为几本书积累了素材；这些方法帮助王佼在半年内完成了三门课程的开发……

这些都证明，flomo在提升知识工作效率方面具有极强的适应性和竞争力。

我在这里现身说法，就是希望你能感受到用好flomo所能产生的价值。

当然，再好的工具，也需要你懂得如何使用。

flomo 的强大适应性，建立在产品极简风格的基础上。但极简的风格，也可能导致很多用户一开始只是看到一个简洁、空白的输入框，不知所措。用户如果无法理解这个工具，也就无法享受到它的便利。所以，合理的使用方法就变得尤为重要。

为了让更多用户用好 flomo，少楠和 Light 在 flomo App 上开设了 flomo101[1] 频道，分享他们和用户的使用经验，还时不时在微信公众号上更新相关的使用方法。

现在，我们有了一个更好的选择。

在《笔记的方法》这本书中，少楠和 Light 进一步讲解了 flomo 的使用方法。

更重要的是，这本书聚焦于"如何让笔记帮助我们解决问题"这一非常实用的主题，并且在阐述这个问题时，融合了多种方法、心法，以及少楠和 Light 详细、真实的自我解剖案例，用这些一手的想法和经验，让我们不仅能够从"笔记的方法"中受益，还能从少楠和 Light 真诚的自我剖析中受益。

我很开心，终于等到《笔记的方法》正式出版。这本书在众筹阶段就已经有超过 6000 人预订，可见大家需求的迫切。我十分期待它能让更多读者学会使用"笔记的方法"，早日收获记录、积累、创造自己智慧的美好体验。

掌握了正确的方法后，你会发现，flomo 的哲学是真的："持续不断记录，意义自然浮现"。

---

1. flomo 的帮助中心，包含 flomo 的使用指南，记笔记的思维方式、具体方法、实践案例等内容。

自序
记笔记，是为了增援未来的自己

Hi，你好呀朋友。

我想正看这本书的你，大概率是一个对知识有着强烈渴望，希望自己能进步的朋友。

但我猜，在自我精进的道路上，你大概也有不少困惑吧？比如感觉自己已经很努力了，每天花很多时间看书、听书，但还是原地踏步；又或是面对层出不穷的新知识、新概念，不知道到底该学什么；再或是收藏了许多文章，记了很多笔记，遇到问题却用不上；甚至看了许多关于"知识管理""第二大脑"的文章，还是没有搞清楚该积累什么知识，以及如何做好知识管理。

别担心，你并不孤单，我们也曾和你一样困惑。

对了，先容我们做个简单的自我介绍：我叫少楠，和我的合伙人Light一起，目前在经营flomo这款产品。虽然称不上什么独角兽，但在不融资的情况下，flomo也已经有了几百万用户，获得了许多奖项。

特别说明一下，这本书是我和Light共同创作的作品，为了

方便叙述和理解，大部分内容由我通过第一人称叙述。

或许你会奇怪，这俩人不好好做软件，干吗不务正业来写书呢？之所以想写这本书，是因为我们在创业过程中意识到，许多普通人关于记笔记和自我成长的问题，不是仅靠笔记工具就能解决的，大家缺少的不是工具，而是使用工具的方法。

那么，能否结合我们自己的实践和用户反馈，重新设计一套更适合普通人用的"笔记的方法"？这个目标成了我们写这本书的初心。**请放心，这套方法不是要求你必须使用 flomo，而是我们对"如何有效记笔记"这个话题的思考与实践——它是可以通用于各种笔记工具的。**

与此同时，这本书里没有太多形而上的理论框架，而是降落在粗糙的现实地表之上，扎根在具体的问题之中，通过一个又一个具体的案例，帮你学会有效记笔记。

记笔记，从入门到放弃

让我们把时针调回到十几年前，那时候我初入职场，iPhone 4 刚刚发布，世界正酝酿着进入移动互联网时代。作为一个初出茅庐的小伙子，我尚不知道该如何应对那巨大的、不确定的、信息爆炸的未来。

一个偶然的机会，职场导师看到我总爱拿个速写本写写画画，然后随手把记录的内容丢掉，就好奇地问我："你这笔记怎么记得这么随意？"

我心想：嗯？笔记本不就是草稿纸吗？记笔记还能有什么讲

究？但当导师打开他电脑上的笔记工具时，我被震撼了。他的笔记既有序又详细：

- 对产品的规划和思考；
- 日常访谈用户的记录；
- 日常开会的纪要；
- 尚未阅读的收藏内容；
- ……

我不禁感慨，这些大都是我们一起经历的事情、一起看过的资料，但我留下的只有手中散乱的笔记和大脑中残存的记忆，以至于每次开会或者设计方案都是一轮重启。相比之下，导师每次开会都游刃有余，许多资料和方案信手拈来。

后来，我从他那里学到一个时髦的词——第二大脑，也就是把笔记系统作为大脑的"外挂"，就好像拥有了第二个大脑一样。

痛定思痛，我当即决定开始创建自己的"第二大脑"。和许多第一次接触这个概念的人一样，我开始研究许多教程——如何创建完整的分类、严谨的流程，如何实现各种工具之间的联动，等等。我想象着，"第二大脑"建好后，我的思维能力和认知水平一定能有突飞猛进的提升。

如果这是一本讲成功学的书，恐怕就应该写我如何因此走上人生巅峰了。但这是一本朴素的小书，所以不妨诚实地告诉你：现实很快就把我的脸打得生疼。

比如，我很快就陷入了时间黑洞。且不说试用各种工具就耗时不少，摸索如何创建"第二大脑"的过程，更是不断吞噬我的时间。就拿如何建立分类来说，到底是按照中国图书馆分类法[1]，还是按照杜威十进制图书分类法[2]？选定分类后，据此整理笔记还要花费更多时间，以至于我每次新建内容都要小心翼翼，生怕放错了地方。

此外，我开始利用各种剪藏[3]类工具大量囤积知识，希望未来用得到——这个过程就像一个人第一次吃自助餐一样，先在盘子里堆满贵的食物再说，根本没想好自己爱不爱吃，能不能吃掉。

随着系统越来越复杂，剪藏的内容越来越多，我维护"第二大脑"的成本越来越高，收益却迟迟未见。新鲜劲儿过去之后，我开始逐渐弃用整套工具和方法，又回到原始状态，不敢面对那个曾被自己寄予厚望的"第二大脑"。

故事到这里并未结束，因为在接下来的几年中，每当有"革命性"的工具或方法出现，我还是会再次兴奋起来，感觉像是遇到了救星一样。然而历史总是重复，我经历了一次次"从入门到放弃"的过程……

我们都误解了什么才是"记笔记"

人类的许多冲突，都源于无法对相关概念进行澄清。概念的

---

1. 新中国成立后编制出版的一部具有代表性的大型综合性分类法，是当今国内图书馆使用最广泛的分类法体系。
2. 1876 年由美国图书馆专家麦尔威·杜威（Melvil Dewey）撰写并出版的图书分类法。
3. 将感兴趣的内容从网络或其他媒体上截取下来收藏、保存。

模糊，导致我们无法清晰地思考，也就无法指导具体的生活。

近十年间多次"从入门到放弃"后，我逐渐意识到，**或许我们都误解了什么是"记笔记"**。

让我们回到原点，重新审视一下。我们为何要记笔记？不是为了收集信息，而是希望未来遇到问题时，这些知识能帮上忙，即**增援未来的自己**。

说得再具体些，所谓"增援未来的自己"，就是当未来的自己遇到问题时，我们能借助过往的笔记找到解决问题的某个**想法、线索或依据**。

比如，当我们创业遇到商标注册的卡点，不知道该怎么办时，如果恰好之前处理过类似问题，并做了详细的笔记，那么我们就可以直接找到这条笔记，把它当作一个**想法**，用来解决现在的问题。

再比如，有段时间我犹豫要不要辞职创业，十分纠结，回顾笔记时翻到过往记录的一条贝佐斯的决策原则——让遗憾最小化。这条笔记就成了一个**线索**，让我沿着"如何让遗憾最小化"这个方向去思考，弄清楚自己到底想要的是什么，恐惧的是什么。

又比如，在Light的笔记中，有许多他投资和经营的关键决策记录。我问他为何记这些，他回答说："这样未来需要做出重大决策或复盘的时候，我就可以把这些笔记作为**依据**。"

你看，我们记笔记的目的，应该是在未来某一天，让记过的笔记通过各种各样的方式增援我们，帮助我们解决遇到的问题。

记笔记不是收集，而是对信息进行"预处理"

要想让过往的笔记可以被提取出来，实现上述有效增援，我们需要重新梳理记笔记的过程——**不再以收集信息为主，而是转变为对信息的"预处理"。**

为何这么说？因为如果只是收集信息，它们往往派不上用场。这就像你日常收集了许多汽车零件，按理说在你需要的时候，它们应该能拼成一辆车。但实际上，真正需要车的那一刻，你未必有充足的时间从头开始组装。面对数不胜数的零件，你甚至连认对它们都很难。于是你要么选择徒步，要么随便凑合一下就上路了——过去的积累看似很多，但在实际问题面前毫无用处。

而如果日常收集零件时，你能有意识地了解它们的作用大概是什么，应该和哪些零件搭配在一起，甚至提前进行一些预处理——把底盘拼好，把发动机收拾好，经常盘点它们的状态，那么有需要时，你就可以快速把它们拼装成赛车或货车，更顺利地去往远方。

所以，收集信息固然重要，但对信息进行"预处理"，才是"记笔记"的核心所在。通过"预处理"，你可以把笔记储备到一种被激活、有能力的状态，让它们随时准备好被你提取，为你所用——由此实现前文所说的有效"增援"。

如何更好地对信息进行"预处理"

那么具体如何对信息进行"预处理"呢？

这就需要我们记笔记时做好三个方面的准备，也是本书想要分享给你的三种关键方法——**用自己的话记笔记；用标签为笔记分类；通过回顾持续刺激。**

- 用自己的话记笔记，能让信息在你的大脑深处"刮"一道痕，方便你提取时有迹可循。
- 用标签为笔记分类，能让笔记里的知识网络化，方便你由点及面，找到关联知识。
- 通过回顾持续刺激，能让你的记忆不断加深、知识不断内化，方便你快速提取。

需要注意的是，以上三种方法同等重要，需要我们经常做，反复做，时刻准备着，为增援未来的自己储能。

除了如何记笔记，我们还会在本书中分享：如何更好地收集信息，才能让你事半功倍，避免低水平的勤奋；如何修炼底层心法，才能让你变得更强，让记过的笔记为你所用。

认清明日去向，不忘昨日来路

没有人能从零开始创造。我们也是站在前人的肩膀上，一边借鉴，一边发展。

本书介绍的笔记方法借鉴了德国著名社会学家尼克拉斯·卢曼（Niklas Luhmann）的 Zettelkasten 方法（卡片笔记法）。Zettelkasten 是德语中 Zettel（卡片）和 Kasten（盒子）两个单词的组合。卢曼会在大小统一的卡片上，按固定的格式记笔记，然后按顺序把记过的笔记存储在卡片盒里。

仔细翻看历史，卢曼曾谦虚地表示，**自己并没有发明卡片笔**

记法。的确，在他浩如烟海的著作中，仅有一篇1992年发表的文章"Communicating with Slip Boxes"（《与卡片盒交流》）提到了这套方法，但也只是简单提及，并未详细论述。而卢曼的小儿子克莱门斯·卢曼（Clemens Luhmann）在一次访谈中提道，这套方法衍生于1951年约翰尼斯·埃里希·海德（Johannes Erich Heyde）的著作 Die Technik des wissenschaftlichen Arbeitens（《科学工作技术》）中提到的方法。

不仅如此，除了卢曼之外，还有许多知识工作者[1]曾经使用的笔记方法，都和Zettelkasten有关，比如：

- 瑞士博物学家、目录学家康拉德·格斯纳（Conrad Gesner）
- 瑞典生物学家卡尔·林奈（Carl Linnaeus）
- 德国浪漫主义作家让·保罗（Jean Paul）
- 俄裔美籍作家弗拉基米尔·纳博科夫（Vladimir Nabokov）
- ……

而近些年来，这套方法依然在不断进化。比如申克·阿伦斯（Sönke Ahrens）博士基于此总结的《卡片笔记写作法》[2]、全栈工程师安迪·马图沙克（Andy Matuschak）提出的常青笔记理念（Evergreen Notes）、知名效率专家蒂亚戈·福特（Tiago Forte）的 P.A.R.A 法以及渐进式笔记等。在这些方法和理念背后，我们

---

1. 泛指具备和应用专门知识从事生产工作，为社会创造出有用的产品和服务的人群。
2. 〔德〕申克·阿伦斯：《卡片笔记写作法》，陈琳译，人民邮电出版社2021年版。

都能看到卡片笔记法的身影。

你看,卡片笔记法并不是某个人的独创发明,而更像是今天流行的开源软件——自其诞生后,任何人都可以借鉴、修改、使用、发展。而本书所介绍的笔记方法,是卡片笔记法在此时此地的一个新的分支。

在本书第二部分"记录篇",我们主要继承了卡片笔记法的以下两点:

1. 用自己的话记录,捕捉核心内容,不做"知识的搬运工";
2. 分类不是规划出来的,而是自然生长出来的。

不过,如卢曼及其他人一样,我们亦结合了自己的实践和今日大多数普通人的实际问题不断发展,增加了一些独有内容,比如:

1. 从普通人视角出发,着重介绍了如何用笔记增援自己的方法及案例;
2. 从实操角度出发,增加了如何记录、如何分类、如何回顾的原则与建议;
3. 配合记录的方法,提供了一套获取高质量信息的方法;
4. 配合记录的方法,补充了两种容易被忽略的底层心法。

从这个视角来看,《笔记的方法》继承了卡片笔记法的部分理念,同时发展了这套方法,做了许多新的补充。

我们之所以提及这段历史,一方面是为了向启发过我们的前辈致敬,另一方面其实是想告诉你,重要的不是读完这本书,然后照着做一遍，而是要像对待开源软件那样，结合你的需求和环境，创造出属于你自己的方法。

如若本书介绍的笔记方法能成为你有效记笔记的基石之一，我们会倍感开心。

最后，让我们再梳理一下"用笔记增援自己"的关键环节，以便你对整本书的结构有个概览：

- 第一，收集，我们会四处"找原料"，收集信息，进行初步积累；
- 第二，记录，我们会使用三种方法对信息进行预处理，使笔记处于"待命"状态；
- 第三，应用，未来某一刻，当遇到问题需要增援时，我们可以去记过的笔记里寻求帮助；
- 第四，心法，最重要的是，每个人都要找到自己的北极星，然后持续不断地前行。

接下来，本书将用"应用篇""记录篇""收集篇""心法篇"四大部分，带你一步步重新理解记笔记这件事，让你学会如何通过记笔记，增援未来的自己。

那么，开始我们的旅途吧。

PART ONE
第一部分

应用篇

如何用笔记,
增援未来的自己

前文提到，记笔记的核心价值在于增援未来的自己。

我们日常遇到问题，固然可以借助搜索引擎查询，甚至借用 AI 工具获得参考信息，但这些办法都属于去陌生的环境里寻找公共信息，不是不能用，而是不容易解决个性化问题，尤其是个性化的复杂问题。

面对这类问题，我们最宝贵的增援，应该源于自己精心预处理过的笔记。比如对我来说，每当遇到棘手问题，我都会习惯性地翻看过往的笔记，而不是立即向外求助。

你可能觉得，"增援未来的自己"听起来有点抽象。所谓"增援"到底是什么意思？如何才能获得有效的增援？

接下来，我会根据过往的实践经验，以及我观察到的别人记笔记、用笔记的思路，把笔记带来的增援总结为三种常见的方式，供你参考。一旦知道笔记能够以什么方式增援我们，你也就能知道，自己可以通过什么方式把笔记用起来。

给"想法",让你拿来就能用

第一种常见的增援方式叫作给"想法"。

不知道你有没有过这种体验?面对难题没思路的时候,你对着空空的屏幕或者摊开的白纸冥思苦想,往往一筹莫展;而筋疲力尽决定换换脑子,比如去冲个澡的时候,你却可能产生有价值的想法——当然这是非常幸运的情况。

许多时候,"想法"并不会因为我们的努力而准时出现,甚至可能适得其反。所以更好的做法是,在"想法"出现的时候记录它们,这样当你毫无头绪的时候,过去记录的"想法",或许就能为你解决当下的问题提供一些思路。

在我的笔记里,不少内容都和"想法"有关,小到产品设计细节、文章标题,大到业务规划等,涉及方方面面。这些"想法"很少是在要用的时候临时想到的,而是在日常不经意间萌发,并被我及时记录下来的。

比如我们有个服务叫"小报童"——一个付费专栏平台,创作者可以通过这个平台把自己的知识结集分享,获取体面的收益。许多人可能觉得奇怪:你和Light不是做笔记产品的吗?为什么突然又去做一个付费专栏业务?

其实这个想法隐藏在我2020年记录的一条笔记里。彼时我和Light在上海讨论flomo以及这家公司的未来。聊完正事,我们又闲聊了一些以后想做的事情,其中一个想法就是重新设计一款更现代的 RSS 阅读器[1]。

我们俩都是 Web 2.0 时代的 blogger（博客作者），相识也是因为博客，而博客时代最热门的工具就是 RSS 阅读器。后来，随着 Google Reader（谷歌阅读器）的退场，博客日渐式微，许多工具也就不再更新。

聊着聊着我们发现，RSS 阅读器类产品之所以没落，不是因为产品不行，而是供给侧出了问题——优质的深度内容本来产量就低，加上不如"标题党"来得吸睛，导致好的创作者得不到足够的回报，所以优质创作者和优质内容的数量越来越少。因此，要想让阅读器持续有价值，就要有优质的内容持续产生；而要想有优质的内容持续产生，就要给创作者足够多的回报——这也意味着，我们必须颠覆创作者靠蹭热点吸引流量、靠植入广告赚取收入的商业模式。

聊到这里，我在笔记里记录了一个粗糙的想法："不是做一款阅读器，而是做一个能让创作者赚取收益的工具；重要的是设计新模式，解决激励问题。"之后的日子里，我们偶尔也会提到这个想法，然后兴致勃勃地讨论一番。虽然未曾有什么确切的结果，但许多讨论过程中的要点都被我记了下来，整个想法也一点一点变得清晰。

2021 年秋，许多 flomo 用户提到希望有"共享笔记"功能，我们便思考要不要做。思考过程中我们发现，"共享笔记"相当于

---

1. RSS 全称为 RDF Site Summary 或 Really Simple Syndicatio，译作简易信息聚合或聚合内容，是一种消息来源格式规范，用以聚合多个网站更新的内容并自动通知网站订阅者。使用 RSS 后，订阅者无须手动查看网站是否有新的内容，因为 RSS 会整合多个网站更新的内容，并以摘要形式呈现给订阅者，帮助订阅者快速获取重要信息并有选择地查看。RSS 阅读器指一种软件或一个程序，用来实现 RSS 信息的获取与订阅。

"共享内容"的一种形式，无论何时何地，好内容都需要好的创作者。这让我想起自己在上海和Light讨论RSS阅读器时记录的那个想法：重要的不是功能，而是设计新模式，解决激励问题。紧接着我又想到，如果要设计新模式，我们为何不做个新业务？如果新业务成功了，可以用来给flomo做参考；如果失败了，也不会打扰现有的flomo用户。

于是，继flomo之后，我们的第二个服务"小报童"在2021年冬日上线了。你看，这个业务并不是我们拍脑袋想出来的，也不是我们看到海外某些产品火爆，于是一时兴起复刻一个，而是源自一个一年前记录的"想法"。

关于笔记如何以"想法"这种方式增援我们，我再分享一个关于写作的小案例。

我有一个付费专栏叫"产品沉思录"，到2023年已经持续更新七年有余。具体来说，我每周都会从自己阅读的几十篇到上百篇文章中，选择四篇最有启发的，写下自己的看法分享给读者。每期文章少则五六千字，多则上万字。

我之所以能坚持做这件事，有个很重要的原因，那就是我写每篇文章都不是从零开始的，而是从笔记里的"想法"开始的。比如，准备当周文章时，我会先翻阅一下本周记录的笔记，从中找到一些有趣的"想法"并据此确定主题，然后我会对这些想法进行一定的串联、改写、扩写等，最终汇聚成一篇文章。打个比方，之前记录的想法就像洗净切好的食材，而写文章则像烹饪菜肴。食材准备好了，我做菜就能轻松很多，而不是等油热了才发现菜还没洗。

其实受益于这种增援方式的不只是我，还有我身边的朋友们。

比如曹将老师，他的代表作《高效学习》[1]这本书，就是借助此前在笔记里记录的"想法"写出来的。[2]一开始，他会有意识地围绕"高效学习"这个主题积累素材、记录笔记，等到写书没想法、没思路的时候，他就会把相关笔记全部调出来，将其用作这本书的观点、案例或方法。

当然，去笔记里找"想法"这种用法不是我们发明的，而是来自前人的经验。比如德国著名社会学家卢曼一生积累了约九万张卡片笔记，虽然我们很难精准考证这些笔记里"想法"的占比，但卢曼曾在文章中提到，他非常注重对"想法"的记录和积累。每当写文章、写书的时候，他都会把相关笔记找出来做参考。也正是这些包含"想法"的笔记，帮助他一年拿下博士学位，五个月完成论文获得教授资格，一生写出五十多本书和上百篇论文。

你看，给"想法"是笔记增援我们的重要方式，每个人都能受益于此。当你需要准备年终总结、公开演讲、写文章，却苦于缺少"好想法"的时候，你都可以去笔记里找一找，看看能否获得有力的增援。

---

1. 曹将：《高效学习》，清华大学出版社 2022 年版。

2. 曹将：《想不到，我居然用 flomo 来写书》，https://mp.weixin.qq.com/s/kSzTf_es7jpANN2c6f3LFw，2023 年 7 月 10 日访问。

给"线索",为你提供新方向

如果你觉得,从笔记里找到直接可用的"想法"可遇不可求。别着急,我们还可以退而求其次,看看第二种常见的增援方式,给"线索"。所谓给"线索",指的是当你面对问题无从下手的时候,过去的笔记可以为你提示几种不同的解决思路,供你去探索。"线索"虽然没有"想法"用起来那么直接,但也是宝贵的增援,往往可以帮我们打开新思路。

举个例子。我在2017—2021年亲历了一个在线问诊平台从0到1的过程。这个平台的作用是让患者和医生实现线上沟通——患者们可以在线咨询专业医生的意见,医生们也能利用闲暇时间提供服务。

刚开始经营没多久,我们就收到很多用户的反馈:你们平台上医生是真的吗?我们很费解:当然是真的,每位医生都经过了严格的证件审核。用户接着问:那为什么他们的头像都是猫猫狗狗、花草、小孩?看起来就不靠谱啊。

仔细想想,这个问题虽然不会产生什么恶劣影响,但患者的感受确实不好。想象一下,你掏了几十块钱对着一只"小猫"陈述病情,然后听"小猫"给你提供医嘱,是不是感觉怪怪的?

怎么办?团队的第一反应是,勒令限期整改,要求医生换上正式、专业的头像。本以为这么简单的事情,医生们很快就能换好,没想到进展却并不顺利。比如许多医生没有正式工作照的原件,于是翻拍其他证件上的照片上传,导致头像看起来更假了;还有一些大咖一直用某个昵称和头像行走江湖,担心换了之后患者不认识自己……

这时候，平台如果执意惩罚医生，会让本不充沛的医生供给雪上加霜；不罚吧，又会导致新来的医生有样学样。于是我开始思考，换个角度看，除了"惩罚"，我们还可能采取什么办法呢？

这让我想到自己2020年读过的一篇文章——《平台治理的再思考》[1]，其中提到了劳伦斯·莱斯格（Lawrence Lessig）教授的一本书《代码2.0》。这本书里好像介绍过治理平台的不同要素，我还记过读书笔记。

想到这里，我赶紧找到那条读书笔记，重温了其中记录的四个要素——道德、法律、市场、体系结构。看过笔记后，我有了两方面的启发。一方面我意识到，像我们这种遇到点事就要动用惩罚手段的处理方式，相当于运用"法律"要素。问题是，如果凡事都这么做，平台供给方（医生）的积极性就会被打压，所以不能一味惩罚。另一方面，这条笔记还为我提供了新"线索"：治理平台可以考虑的要素有四种，除了"法律"，我们能不能尝试借助其他要素解决问题？

比如，尝试引入"道德"要素，宣传正面案例，把做得好的医生作为榜样？说干就干，我们迅速给平台上的所有医生写了一封信，信里没有强迫大家换头像，而是放了一位患者的反馈。患者说："本来不知道怎么给宝宝选医生，结果看到某医生的头像正规又可靠，就抱着试试看的态度问诊，结果远超预期，以后有需要还找他。"就在这封信发出去的第二天，我们发现许多医生开

---

1. 经济观察网：《平台治理的再思考》，http://www.eeo.com.cn/2018/0906/336488.shtml 2023年9月1日访问。

始主动换头像，甚至在群里互相打听如何拍出更好的工作照，要不要挂听诊器……

你看，我的读书笔记虽然没有直接告诉我该怎么做，没有给我一个拿来就用的"想法"，却提示了几个可能的"线索"，让我有了解决问题的新方向，这同样是宝贵的增援。

当然这个例子比较特殊，不同线索都集中在同一条笔记里。实际上，给"线索"这种增援方式更常见于同一分类下的不同笔记。比如在"如何治理平台"这个分类下，我记了很多条笔记，这些笔记提供了多个不同的方向供我探索——这种情况更加常见。关于如何给笔记分类、如何调取不同分类下的笔记，本书后文会详细展开，这里先不赘述。

给"依据"，让你行动有支撑

除了"想法"和"线索"，笔记还可以提供第三种增援方式，那就是给"依据"。它指的是，当我们对某问题有了初步的解决思路，但不确定要不要据此决策或行动的时候，笔记可以提供事实层面的增援，让我们有据可依。

举个例子。刚开始创建 flomo 官网时，我们想，这个网站除了介绍 flomo 是什么、这个产品有什么功能之外，是不是还可以放其他一些对用户有帮助的内容？比如有参考价值的用户案例、值得借鉴的笔记方法。这样，用户看过官网之后，不仅可以知道如何下载、使用 flomo，而且还能学到一些实用的笔记方法，比如记什么内容、怎么给笔记分类，等等。

有了这个想法，接下来就是决定要不要投入时间、精力去执行了。在这个过程中，一条笔记让我们坚定了做这件事的决心，因为它从事实层面给了我们"一定要做"的另一个依据。

那条笔记来源于我读过的一篇文章——前可汗学院的工程师安迪·马图沙克写的《我们如何开发革命性思维工具》[1]。那篇文章里有段事实对我启发很大，被我记在了笔记里：

> Adobe开发Illustrator、Photoshop等工具要付出高昂的成本，而且很难阻止其他公司廉价地复制这些想法或开发类似的东西。比如，Sketch可以蚕食Adobe的市场份额，而不需要在研究上投入巨额资金——这是它相对于Adobe的一大优势。
>
> 许多思维工具都是公共产品。开发者最初开发它们通常要花很多钱，但是其他人很容易复制和改进它们，免费使用最初的投资。虽然这种复制和改进对整个社会来说是好事，但对那些进行初始投资的公司来说却不是好事。

为什么说这段事实为我们的行动提供了依据？因为我们据此想到，作为一款思维工具，flomo也会面临同样的问题——初期开发费钱且烧脑，而一旦开发成功，其他人就可能"免费"使用这些想法。比如Notion成功后，多少团队冒出来借鉴其各种设计？

所以，要想避免这类问题，我们就要让用户投入时间、精力持续在flomo里记录有价值的笔记。因为笔记由用户自己创造，

---

1. Andy Matuschak and Michael Nielsen, How can We Develop Transformative Tools for Thought?, https://numinous.productions/ttft, San Francisco, August, 2023.

所以用户的黏性会增强，迁移动力也会减弱。而为了让用户在 flomo 记录更多有价值的笔记，我们想做的那件事就更有必要了。于是我们毫不犹豫地在 flomo 官网增加了 flomo101 这个特别的帮助中心，为大家分享关于"如何有效记笔记"的各种案例和方法。你看，过去记录的一条笔记变成了我们做出决策的重要依据。

其实不只是我会把笔记当"依据"来用。望岳投资的南添老师也会记录与投资有关的事实，以及事实之间的关系，这样记得多了，他做投资决策就有了更多依据。我还采访过一位健身教练，他会记录学员的各项身体指标，还会记录营养学知识，这样记得多了，他为学员制定训练计划、提供饮食建议也就有了依据。

把笔记作为"依据"，这种增援方式值得我们每个人应用起来——因为不管你从事什么职业，扮演什么角色，都要做出决策、输出行动，以影响现实世界、达成你的目标，而那些被你记在笔记里的事实信息，往往可以在关键时刻帮你一把。

小结

笔记的最终价值在于应用。如果不知道如何用，那么我们学再多的方法也没有意义。

如何把笔记用起来？至少有三种方式：把笔记作为"想法"的来源、把笔记作为"线索"的来源、把笔记作为"依据"的来源。了解了这三种方式，一方面你能有抓手，知道可以从笔记里获得哪些增援；另一方面你也能据此识别需求，知道自己需要哪种增援。以上是我们的阶段性经验，希望对你有启发，期待你基于此探索新的增援方式。

最后，来自笔记的"增援"不是自动发生的，而是需要我们掌握有效记笔记的方法，做好"信息预处理"。接下来我们就来看看，如何记笔记，才能做好信息预处理。

记录篇

如何记笔记,
　做好信息预处理

PART TWO
第二部分

用自己的话记笔记

为什么要用自己的话记笔记

做好信息预处理的第一种方法，叫作"用自己的话记笔记"。简单来说，就是记笔记的时候不要照搬别人的东西，而要加入你自己的想法。

这个方法看似朴素，却十分有效，因为它可以帮我们应对记笔记的两大挑战：一是明明记了很多笔记，却想不起来；二是即使找到相关笔记，也很难快速应用于待解决的问题。

下面让我们一起来看看具体案例。

必要难度，帮你想起记过的笔记

要想把笔记用起来，最常遇见的挑战是，明明记了很多笔记，却想不起自己记过什么。

相信你也遇到过类似的问题：花力气收集了很多信息，记录了很多笔记以备后用，但每当遇到问题，依然要从零开始找灵感、找线索、找启发——因为你已经想不起自己记过什么笔记，还不如用搜索引擎直接搜索来得快。

对于这一点我深有体会。记得有一次搬家，我意外地在书柜底部找到一个光盘夹，里面放着几十张刻录好的光盘，看封面备注应该是大学时代认为很珍贵的资料。尴尬的是，我完全想不起里面存了什么信息。如果没有光盘这种看得见、摸得着的实体，恐怕我这辈子都不会和这些资料再次相遇。

或许你会觉得疑惑，刻光盘和记笔记有什么关系？实际上，虽然今天光盘基本上已经退出历史舞台，但包括我在内，很多人都曾经或者正在用类似"拷贝信息到光盘"的方式记笔记——俗称"知识的搬运工"。比如，读书的时候，热衷于在金句下面划线，或者只是复制、粘贴作者的话到笔记软件里；看到不错的文章，轻轻点击"收藏"按钮，或者把文章链接一键转存到笔记软件里……

如果你也这样记笔记，不妨问问自己，你的笔记里存储了什么信息，记录了哪些知识？是不是很难想起半年前记过什么？

奇怪，为什么我们勤奋地存了那么多信息、记了那么多笔记，事后却连想都想不起来？这个问题的答案，要从一个理论中寻得——必要难度理论。

所谓必要难度理论，是认知科学家比约克夫妇（Robert A. Bjork & Elizabeth Ligon Bjork）在1994年提出的。它的主要内容是，人的记忆有两种基本机制：存储和提取。过去，人们通常以为，记得越快，学习效果越好。简言之，存储越容易，提取就越快。但比约克的实验发现了与常识相反的结论："存储与提取负相关。"也就是说，存入记忆越容易，提取出来越困难；反之，如果你存入得有些吃力，知识提取会更方便。[1]

发现了吗？很多人把"记笔记"和"收集信息"搞混了，认为勤奋地一键收藏好文、保存链接，划线、复制、粘贴，就是在记笔记。但根据必要难度理论，这种存储方式太过"容易"，只需轻点几个按钮即可完成，既没有花费力气去理解其中的含义，也没有和过往的知识进行连接，以至于难以提取——想不起来，更用不上。

理解了必要难度理论，我们再来看"用自己的话记笔记"背后的意义。这种方法其实是帮助你在记录时增加必要的"存储难度"，以便你未来遇到问题，更有可能想起（提取）记过的笔记。

举个例子。我在某在线问诊平台工作的时候，遇到过一个棘手问题：由于线上问诊刚出现不久，很多医生不知道怎么给自己的线上服务定价——如果按医院的门诊挂号费定价，订单量可能会爆炸，导致医生无法在规定时间内履约；而如果像滴滴打车一样统一定价，又解决不了不同科室、不同医生之间的差异问题。怎么办？

面对这个问题，一个关键词在我脑海中划过：价格带。根据这个关键词，我联想到自己过往记的笔记，很快有了解决思路。

先说结果，思路很简单：既不是按门诊挂号费定价，也不是按一口价，而是根据不同的科室、不同的医生职级，设定不同的价格区间，也就是所谓的"价格带"。

由于细节比较复杂，这里先不展开。我想跟你分享的是，为

---

1. UCLA, Applying Cognitive Psychology to Enhance Educational Practice, https://bjorklab.psych.ucla.edu/research/, August, 2023.
〔德〕申克·阿伦斯：《卡片笔记写作法》，陈琳译，人民邮电出版社2021年版。

什么遇到线上问诊定价问题，我可以快速想起"价格带"这个关键词，以及之前记过的笔记。

说来也巧，进入互联网医疗行业前，我曾想创业做线上便利店，于是就去线下便利店实习，想学习一些经验。而"价格带"这个知识点，就是我在接受储备店长培训时学到的。

记得当时培训没有教材，只有PPT，还不允许带电脑，于是我就在白天上课的时候疯狂记录一些关键词，然后晚上在笔记本上用自己的话展开。如果哪里不清楚，第二天再找培训老师询问。

下图（图2-1）是我当时记录的一页笔记（"价格带"那一页遗失了）。由于增加了存储信息的"必要难度"，培训过程中学到的各个知识点，直到今天我都记忆犹新，历历在目。

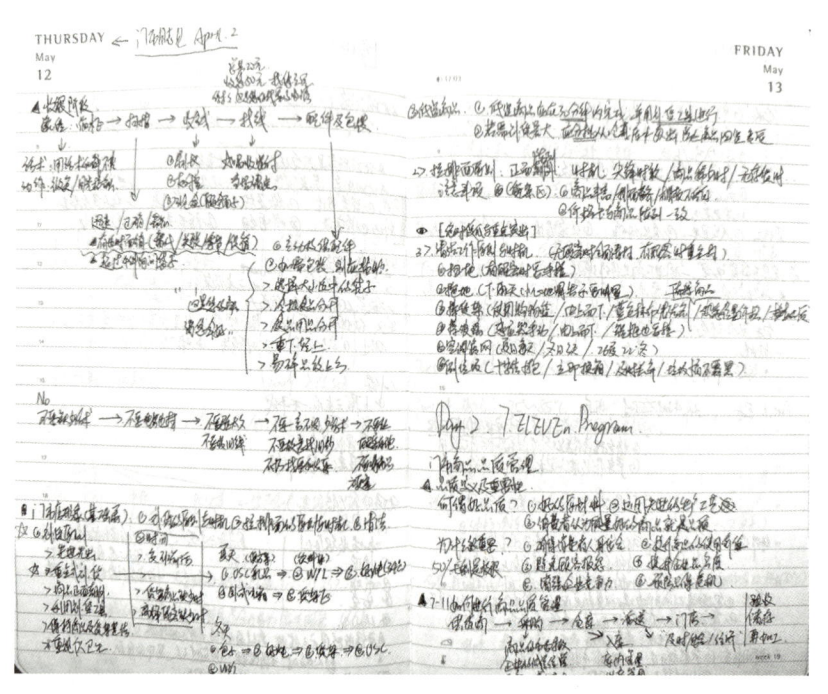

图2-1

比如"价格带"这个知识点，时隔六年我依旧能回忆起这样一些内容：

> 不同区域的便利店，上架的饮料种类并不一样，其核心差异不是口味，而是价格带。比如商务楼、景区的便利店，会放一些整体价格偏高的饮料，最低价和最高价拉得很开，因为顾客对价格不敏感，且人群变化较大；而居民区的便利店则会放整体价格偏低的饮料，因为顾客对价格敏感，且人群固定。

回头来看，我之所以能在遇到问题时想到"价格带"这个关键词，并非依赖于聪明才智或天降灵感，而是当时存储的时候太"难"了，因为经历过"用自己的话记笔记"的过程，所以印象特别深刻。

你看，这就是"用自己的话记笔记"的好处，它可以帮我把关键信息记得很牢。用我们的老朋友孟岩[1]的话说，这种方法就像是"让信息在你的大脑里刮一道"，让你的记忆更深刻。

其实，这种方法不只是我在用。把学到的知识用自己的话讲给别人听，是费曼先生（Richard Feynman）在半个世纪前传授给我们的学习方法[2]。而记笔记的好处在于，你不需要一个特定的"别人"就能演练这一方法。如果一定要有一个假想的"别人"，那么TA应该是未来的你自己。

如果你有记笔记的习惯，但苦于想不起、找不到记过的笔记，

---

1. 有知有行创始人，播客《无人知晓》主理人。
2. 费曼学习法：用自己的语言向他人解释清楚所学内容。

不妨试试"用自己的话记笔记",增加必要的"存储难度",为未来的提取做好准备——即使你只能想起几个有用的关键词,也比从零开始好很多。

提前思考,帮你理解记过的笔记

要想把笔记用起来,我们通常遇到的第二个挑战是,即使找到了记过的相关笔记,也很难快速应用于待解决的问题。

一种比较典型的情况是,我们好不容易搜索到了某条要用的笔记,但由于之前没有花精力理解,导致一旦缺少上下文,就无法理解笔记的意义;又或是由于当时偷懒复制了全文,自己没有去整理和总结,导致还需要重新花费时间理解笔记的内容。

我和Light都遇到过类似的情况,比如下面这两条笔记,虽然都是我们自己记录的,但由于直接搬运了别人的知识,等回头再看的时候,我们已经看不懂当初为什么要记,更不知道自己想说什么。

2020/09/17

"人类思维就像人类的卵子一样,人类卵子有一种排斥机制。一旦有一个精子进入,它就会完全关闭,不让下一个精子进入。人类思维也有严重的类似倾向。"——查理·芒格

—— 少楠

2017/08/25

"此间的少年,一转身,就成过往的少年。"——艾萨克·牛顿

—— Light

Light曾经半开玩笑地说："道济禅师曾言，'酒肉穿肠过，佛祖心中留'。酒肉穿肠而过，却不留下半点痕迹，因为不走心。直接搬运别人的知识亦是如此，信息虽然穿过大脑，但实际上犹如囫囵吞枣，并没有消化、理解，因此也留不下什么痕迹。"

那么如何才能理解记过的笔记呢？还是本文开头那个方法，"用自己的话记笔记"。

不要小看这个方法，它看似只是要求我们写几句自己的话，实际上还隐藏着一层更关键的意思，那就是：重要的不是记录，而是思考。

你可能会问，"写自己的话"和"思考"有什么关系？这就不得不提我们从卢曼身上获得的一个启发。卢曼说，"不写，就无法思考"。也就是说，用自己的话记笔记，精髓不在于"写了什么"这一结果，而在于"倒逼思考"这一过程。有了思考这一过程，你自然会理解自己写的是什么。

还是以"价格带"的笔记为例。如果我只是把讲师的话原封不动地复制下来，那么我不必动什么脑筋也能完成这种"知识的搬运"。而如果我要用自己的话复述或总结，那就必须先思考才行。

我们不妨做个演练。假设我要用自己的话有关"价格带"的学习笔记，我的大脑就不得不进行以下思考：

思考一：讲师说不同区域的便利店摆放的饮料种类不同，其关键差异是什么？

思考结果：是价格。大多数人以为是口味决定种类，实际上是价格带决定了种类。

思考二："价格带"是什么意思？不同区域便利店的饮料，

其"价格带"有什么不同？

思考结果："价格带"指最低价和最高价之间的价格区间。在商务楼、景区等区域，饮料价格区间比较大，会提供一些高客单价的饮料，比如咖啡、NFC 果汁、茶等；而在居民区等区域，价格区间比较小，更多提供的是水、碳酸饮料、调味果汁等。

思考三：不同区域的便利店，饮料的"价格带"不同，背后的逻辑是什么？

思考结果：用讲师的话说，因为商务楼、景区等区域的顾客对价格不敏感，且顾客天天变，复购率低，所以便利店可以把价格区间设置得大一些，以便利润最大化；而居民区的顾客对价格很敏感，且顾客不会天天变，所以便利店需要把价格区间设置得小一些，这样能让顾客持续来消费。

你看，这就是"用自己的话记笔记"的另一个好处，它可以倒逼我们思考。大多数时候，我们的想法都是一团看不见、摸不着的印象；而用自己的话记笔记，你就必须强迫自己思考，进而把模糊的想法转换成清晰的语句。经历了这个转换过程之后，你对笔记的理解会更深入，应用起来也会更加游刃有余。

还是以"价格带"的笔记为例。由于我用自己的话记过一条笔记，这件事倒逼我提前思考了"价格带"的意思和逻辑，所以当遇到医生定价问题的时候，我就可以在短时间内发现两个场景之间的联系，然后实现知识的迁移。

医院的不同科室，就像位置不同的便利店，其患者也有不同的特点和需求：

比如皮肤科，很多人来问黑头、痤疮等小问题，付费意愿不高，且普通医生就能搞定——这很像便利店培训师说的居民区店铺。

而妇产科就不同了，来问诊的有些是备孕妈妈，希望能问到名医，确保宝宝健康；有些则是年轻女性，只是有一些青春期的困惑，普通医生就能完美解答——这很像便利店培训师说的商务区店铺。这样一来，我们就可以根据不同科室的特点设置价格带，供医生们参考。

除了科室的差异，不同医生还有职级的差异。不同医生的职级，则像不同类型的饮料：咖啡大概率比纯净水贵一些，同理，高年资、高职级的医生价格也理应高一些。因此，同一科室再以医生职级为基础，分高、中、低三个价格区间，医生可以根据职级在相应区间内自由定价。

以上类比虽然不完全精准，却是一种解决问题的有效思路。我们按"价格带"的思路调整策略之后，不同科室、职级的医生知道了该怎么给自己的服务定价，不同患者来到不同科室寻医问药，也找到了和心理预期较为一致的医生，满意度提升不少。

读到这里你可能会觉得，用自己的话记笔记确实不错，但这样做所需的思考过程看起来不太容易，这是每个人都能做到的吗？请放心，一旦尝试用自己的话记笔记，你会发现，思考这件事并没有想象中那么难，你甚至可以慢慢养成爱思考的好习惯。

还记得本书序言提及的那个要点吗？每一种预处理方法都不是一次性动作，而是要持续做、反复做。"用自己的话记笔记"也是如此。这也意味着，你不必逼迫自己一次性把某个问题想得面面俱到，能想到多少就先记多少，完成远胜完美。

望岳投资的南添老师曾经分享他对记笔记这件事的看法。他说："我们从小记笔记都被要求先记忆，等有时间再思考，而正确的方式是，先思考，后记忆。"是的，我们都知道，绝大多数时候，"有时间再思考"等同于"不再思考"。而事实是，没有思考，就没有理解；没有理解，就无法应用。

因此，无论你用什么工具，我们都建议你，用自己的话记笔记——这是一种帮你启动思考、有效学习的好方法，更是一门帮你积累知识，并将其应用起来的必修课。

小结

记笔记重要的不是把信息存下来，而是提取和应用——不动脑筋的搬运不仅不能让你增加任何知识，而且会让你在需要笔记增援的时候，既想不起，也用不上。

当然，用自己的话记笔记并不是拒绝"摘录"，而是拒绝"不思考"。在本书后文中你会看到，我的笔记里也有一些诸如操作步骤、诗词、比较有启发的观点等"摘录型笔记"。但之所以这样记，是因为我明确地思考过自己为什么记，或者未来如何使用；正因如此，我未来大概率还会根据实践，在已有的笔记里添加自己的想法。

最后，"用自己的话记笔记"不是一次性动作，而是一种需要持续做、反复做的方法。这种方法看起来有点麻烦，但麻烦并不总是坏事。宫崎骏老爷子不是说过吗，"世界上重要的事情，大多都很麻烦。"[1]

接下来，本书将为你提供六条具体建议，帮你从多个角度入手，用自己的话记笔记。

1.《起风了：1000日的创作记录》，https://www.bilibili.com/video/BV1Zi4y1s7HW/?vd_source=4f9775d8f43f4af3e6bc4e222bacfe97，2023年8月22日访问。

建议一：
开始吧，记录你自己的想法

前文提到，"用自己的话记笔记"是对信息预处理的重要方法。这种方法可以帮你更快地提取笔记、理解笔记，从而把笔记用起来。

这听起来很不错，但你可能像许多朋友一样，不知道每天可以记什么。如果你有这样的困惑，试试这个办法：抓住特定契机，也就是那些让你感到触动的时刻，把自己的想法记下来。

为什么要这样做？原因很简单：第一，这些时刻发生的事情是你的亲身经历，直接记录就好，不需要提前查资料；第二，它们触动你肯定有原因，而这些原因，正是特别值得你挖掘和记录的信息；第三，你的压力不会那么大，可以自然而然地记录，不必遵循什么格式，也不必考虑写多长。

其实，这个方法我和Light一直在用。不仅如此，我们写这本书的时候发现，很多高手也在这样用。

比如编辑老师告诉我们，得到App的CEO（首席执行官）脱不花老师，每天会记"惊奇日记"。[1] 她用这种方法记录了许多启发时刻，不仅给生活增添了节奏，一年下来还成就感满满。还有得到App的罗振宇老师，他有一个"素材小本"，专门记录让自己触动的信息。很多罗胖60秒的写作灵感、跨年演讲的金句，都出自这里。

除此之外，我们身边许多朋友也在这么用，比如知名播客《三五环》《半拿铁》的主理人刘飞、畅销书《高效学习》的作者曹将、知名生涯规划师古典，等等——这些来自各个领域的高手，都会记录让自己触动的信息。

所以，如果你觉得没什么可记，不妨试试这个方法：抓住触动时刻，记录你的想法。不必贪心，每天记录一两条就好。不久之后你可能会发现，原来自己有太多东西可以记。

那么具体要抓住什么样的契机呢？接下来，我为你分享三种"触动时刻"，也就是三种值得记笔记的契机，帮你轻松上阵。

时刻一：这个灵感太棒了

第一种触动时刻叫作，"这个灵感太棒了"。

你或许有这样的感受，日常生活中，"灵感降临"的时刻非常多。无论是走路、洗澡、聊天，还是读书的时候，我们都可能迸发灵感。但问题是，灵感往往转瞬即逝，一旦消失就想不起来了。

---

1. 脱不花：《怎样成为高效学习的人》，https://www.dedao.cn/course/detail?id=LZ1RgB0EW3NK0wjsLbXkP7vj68pDeA，2023年6月3日访问。

或许你会说，忘了就忘了呗。其实不然。想一想，每当我们需要灵感的时候，是不是越着急越想不出？而当我们很放松时，各种灵感才会涌现而来。所以，当下看似无用的灵感，往往能在未来困顿时提供帮助，值得我们记录下来。

举个例子。我们的朋友刘飞就有记灵感笔记的习惯。刘飞告诉我们，当他做播客、写文章没有选题、思路匮乏的时候，他会习惯性地翻一翻过去记录的灵感笔记，而那些笔记经常能在关键时刻派上用场。

比如有一次，他翻到下面这条笔记，想到一个有意思的话题：怎样看待做"好内容"的反馈周期？一方面，很多人做内容坚持不下去，往往源于正反馈不够。而另一方面，做内容的反馈未必即时，只有真正好的内容才能穿越周期，提供长效反馈。那么，怎样看待做"好内容"的反馈周期，就是一个值得挖掘的选题。

> 2022/01/12
>
> 坚持做好的内容，很多反馈未必是即时的。好内容在跨越时间、空间后被人认同，更能体现出价值。我自己炒股的时候在雪球App搜关于快手和B站的评论，经常能搜到自己的文章。这种体验有点奇妙，也很美好。
>
> —— 刘飞

当然，许多灵感未必会带来直接的"功效"，如果能让自己多一些看待事物的不同视角，也是极大的收获。

例如，我曾对蔡国强的烟火作品非常着迷，尤其是《天梯》，不知为何，每次看到总有一种莫名的感动。某次在上海，我去看了蔡国强的个展，一边看，一边产生了一个灵感：

蔡国强的烟火作品为何如此吸引我？

因为他的作品就像用天空作画布，足够让人震撼；与此同时，他作品里的烟火给人一种转瞬即逝的感觉，让人忍不住想到世间的遗憾与无常。之所以给人这种感觉，是因为烟火画作正好和实际烟火相反，不是动态的，而是把火药爆炸的动态凝结在一个静态画面里，仿佛试图抓住某些必将消逝的美好。

想到这些，我顺手记录了下面这条笔记。

> 2022/02/25
>
> 烟火的魅力在于，用天空作画布，在空间上足够震撼，在时间上转瞬即逝，让人感受到遗憾与无常。而烟火画作看似把动态的时间压缩掉，只留二维画面，却给人保留了想象空间，我们依然可以带上时间维度去欣赏。
>
> —— 少楠

这个灵感虽然没有为我带来什么直接的功效型帮助，但是自那以后，再看蔡国强的作品，我都会想起那条笔记，然后用全新的视角去欣赏：不是像欣赏传统油画那样，只看到静态的平面画，而是带上时间维度去联想，想象上一秒和下一秒的变化。有了这个视角，那些画作在我眼里瞬间有了动态，眼前的画面也变得立体起来。

无论是带来极具创意的解决方案，还是提供看待事物的新视角，灵感对我们每个人来说都非常珍贵。如果你感觉没什么东西可以记，试试记录你的灵感吧，别让它们白白流失。

时刻二：这个信息很有用

第二种触动时刻叫作，"这个信息很有用"。

这种触动时刻或许更为常见，也是记笔记的好契机。什么样的信息才算"有用"呢？你可以通过以下两个特征来判断：

1. 能在较短时间内用上，而不是十年八年后才可能用上；
2. 很具体，最好能让你照着步骤做。

比如，曹将跟我们分享过一个很有意思的习惯——他会有意识地记录每天发生在自己身上的"悲惨"又好玩的段子。为什么要记这些？曹将说，他自有妙用。比如，每当直播快结束时，他会讲个段子，让观众带着愉悦的心情离开直播间；每当遇到陌生人饭局，他也会讲些有趣的段子，让自己更快地破冰融入……你看，那些看似无用的囧事，如果留心记录，也能变成有价值的信息，对不对？

再比如，虽然我不是一个很爱健身的人，但是对于如何保持身体健康，还是会留点心思。下面是我记录的一条关于如何更好入睡的笔记——看起来都是很平常的信息，但非常具体，可操作性强，能在失眠的日子里帮我做好入睡前的准备。

2022/10/04

如何更好地入睡？

1. 睡前8—10小时，避免摄入咖啡因——也就是下午2点后不喝咖啡。
2. 晚上10点—凌晨4点，避免接触任何颜色的明亮灯光。
3. 保持卧室凉爽且黑暗，温度很重要。

> 4. 避免饮酒，因为会扰乱睡眠。
> 5. 每天同一时间起床，并在刚开始感到困倦时入睡。
> 6. 起床后30—60分钟内到户外看阳光，日落前再做一次。
> 7. 把白天的小睡时间控制在90分钟以内，或者根本不打盹。
>
> —— 少楠

如果碰到与日常要解决的问题紧密相关的信息，让你觉得"很有用"，你不妨记录下来。不要小看这个看似普通的动作，它是一种积极的自我投资，能帮你实实在在地解决问题。

时刻三：这种感觉真美好

第三种触动时刻叫作，"这种感觉真美好"。

我们常说，财富取决于极少的大高潮，而幸福取决于大量连续的小事。当你感叹"这种感觉真美好"的时候，试着用自己的话记下来，通过记录一件件愉悦的小事，提高幸福水平。

实际上，很多朋友已经在这样做了。比如我们看到很多用户分享自己的笔记：有人记录冬日里的好风景，"早上起来发现车筐里有一片枫叶，落在初雪上，像雪原里冉冉升起的太阳"；有人记录达成目标的好心情，"健身环100天啦"；有人记录两岁女儿的成长，"今天，女儿可以听我的指弹说出《成都》《童年》《两只老虎》《妹妹抱着洋娃娃》《小星星》等乐曲的名字"；还有许多朋友记录"感恩日记""成就日记"……

我自己也有记录美好时刻的习惯。记得有一次我在杭州爬山，没定什么目标，只是兀自走着。这样走了十来公里，感觉特别累。

这时候，我意外经过了之前看地图就很想去看一看的"栖云寺"，但这么美好的名字，实际景象却很破败，让我略感失望。于是继续向前，过了不久，我发现自己不知不觉走到了千年之前的梵天寺经幢[1]旁，更美妙的是，旁边的幼儿园传来了我很喜欢的一首歌——《虫儿飞》。

那一刻，所有的疲倦都消失了。在这样的歌声中，我抬头看着北宋时期的遗迹，似乎时空不复存在，一种平静的幸福涌上心头。歌声停止之后，我随手记下了这条笔记。

> 2021/11/11
>
> 从栖云寺下来，路过梵天寺经幢。刹那间和古人的作品相逢在同一时空，感觉如此美妙。远远地，传来《虫儿飞》的歌声，来自坐落在山腰的小学或幼儿园。我也不自觉跟着哼唱起来。真是不期而遇的旅程。
>
> —— 少楠

这条笔记就像是一颗时光的琥珀，虽然只有寥寥数字，但无论日后心情多差，多么烦闷，只要回顾到这条笔记，我就能想起那个下午、那首歌、那座经幢，以及当时那种平静的幸福感。焦躁的心，也会安定下来。

未来某一天，如果你也遇到了这样的美好时刻，建议你用自己的话把所见所感记下来。这样既能解决不知道"记什么"的问题，也能让你在陷入情绪低谷时，借助过往的美好，重新振作起来。

---

1. 中国古代宗教石刻。梵天寺经幢位于浙江省杭州市上城区江干凤凰山麓。

小结

你可能觉得，这样记笔记，压力确实小了很多，但记录这些"个人想法"真有价值吗？

写作这本书的过程中，我们也讨论过这个问题。我们认为，当代人固然需要学习各种"公共知识"，但在今日，"个人想法"，或者叫"个人知识"的重要性越发凸显。

得到总编室的李倩老师有个说法我们很认同。她说：

"老一辈人记笔记有个背景，当时没有互联网，搜索功能不发达。他们记笔记，一定程度上是为了'记下来'，所以，不管是公共领域的知识，还是个人领域的知识，都怕忘，都得记。而如今，你想知道什么公共知识，都可以用浏览器搜出来，或者用 AI 工具问出来。真正值得记录的，恰恰是个人经历、个人兴趣、个人感悟、个人思考……这些带有个人特质的东西，才是你独一无二的知识财富，到哪里都搜不到。"

上述方法看似简单朴素，却容易上手，可以帮你毫无压力地用自己的话记笔记；而当你找到值得记录的内容后，更多记笔记、用笔记的需求就会自然涌现；这些不断涌现的需求，会帮你探索出属于自己的记录习惯和记录方法。

当学生准备好了，老师就会出现。

建议二：
记录有启发的内容

前文提到，你可以借助特定契机，自然而然地记录自己的想法。这一节，我们上一个台阶：建议你记录对自己有启发的内容。

什么是有启发的内容？简单来说，就是那些让你觉得"原来还能这么想""原来还能这么干"的信息——它可能是书里的某个精彩观点、作者的某段绝妙论述、朋友的某个独特见闻，等等。

为什么要记这样的内容？如前文所说，记笔记不要搬运，要多思考。问题在于，思考很难凭空而来，它需要我们的大脑和更强、更好的信息碰撞之后，才能被激发出来。而"有启发的内容"正是这样的信息。

"记录有启发的内容"，这个方法很好理解，因此这里不多解释。接下来，我想跟你分享许多人在实操过程中容易陷入的两大误区，希望帮你少走弯路，提高记笔记的效率。

误区一：为记笔记而记笔记，形式大于目的

第一个误区叫作，为记笔记而记笔记，形式大于目的。

许多人记笔记前会有许多纠结。比如纠结于标题、字体、排版；或纠结于是用手绘加强记忆，还是用脑图展开记录；是用比喻的修辞，还是用排比的句式；是每天记 500 字，还是 1000 字……

如果你也时常纠结于此，那便是陷入了"为记笔记而记笔记"的误区，把形式当作了目的。还记得本书序言说的那句话吗？记笔记，是为了增援未来的自己。从这个目的出发，你会发现记笔记最重要的并不是工具、形式、模板、修辞、字数等外在形式，而是记录的内容是不是为自己而记，能不能为自己所用。

实际上很多高手都是这样做的。比如我们和编辑讨论时，编辑就提到，财新传媒的总编辑王烁老师有个习惯：他写读书笔记，大多数时候都是为自己而写（除非写的目的是向别人介绍），只记录自己收获的启发。[1] 著名经济学家何帆也是如此。他说，自己之所以读书快，不是认字速度快，而是心里只装着自己的问题，读书笔记也只记录对自己有启发的内容，不会用什么特别的形式。[2]

其实或多或少，我们每个人在刚开始记笔记时，都会被形式束缚一段时间。

我自己之前做笔记，也会试图复刻整本书的结构，想要捕捉

---

[1]. BetterRead：《培养终生阅读 | 提高读书效率 | 笔记方法》，https://mp.weixin.qq.com/s/TCTXgu3tXFLxTAfd9VrxoQ，2023 年 7 月 16 日访问。

[2]. 得到 App：《何帆的读书俱乐部》，https://www.dedao.cn/course/detail?id=z1DWOMARavZVxoMs9mKP2mlx7bjydL，2023 年 7 月 16 日访问。

每一个细节，虽然最终能输出一张漂亮的思维导图，但实际上很难用到。

而我现在记笔记就朴素了很多，只记录我觉得重要的内容，为自己而记。比如下面是我读《金钱心理学》[1]一书所记的笔记——只记录了对自己有启发的内容，并用下划线和高亮来标记重点，至于全书结构为何，还有没有更"好"的观点，对当下的我来说并不重要，也就无须记录。

> 2023/06/22
>
> **《金钱心理学》读书笔记**
>
> · 任何事情都没有表面上看起来那么好或那么糟。
>
> · 凭运气获得的好结果，比明确的坏结果更危险，因为很可能有更大的风险在未来等着，当下却无法识别出来。
>
> · 成功的投资未必意味着一直做正确的决定，而是要做到一直不把事情搞砸（别离开牌桌）。
>
> · 成功是小概率事件，取得成功最好的方法是实践次数足够多，因此要一直在场，不断实践。
>
> · 时间自由是财富带来的最大红利，可以让人自主决定时间安排，而不需要被动工作。
>
> · 不要贸然从那些和你情况不同的人身上学经验，要尽可能明白自己在玩什么游戏。
>
> —— 少楠

形式应该追随内容，单纯的形式不重要，记了什么才重要。所以，不要被形式困住脚步，更不要照抄别人的模板。不必担心词句华丽与否、是否有所遗漏，这个过程就像照镜子一样，你应

---

1. 〔美〕摩根·豪泽尔等：《金钱心理学》，李青宗译，民主与建设出版社 2023 年版。

该关注的是自己的大脑对于内容的反射，因为那才是你思考的精华。

误区二：记录之后，缺乏自我提问

许多爱读书的人习惯于划线或摘录有启发的内容。这种方法方便、快捷，本身没什么问题。但大多数人容易忽略一个关键动作：自我提问。

什么是自我提问？假设你看到一个材料，觉得不错，这时候你对它的感受是模糊的。此时此刻，你最该做的是自我提问——抓住时机问问自己：我为什么感觉不错？然后把答案记下来。这个动作看似简单，却能有效激发你的思考，增进你的理解。

当然，除了直接问"我为什么感觉不错"，自我提问的角度还有很多。对于不太熟悉这个做法的朋友，我有两个小经验分享给你：

1. 问问自己将来能在哪里用；
2. 问问自己是否见过或做过类似的事情。

先说"问问自己将来能在哪里用"。如果不能应用，许多启发本质上只是"认同"而已，并不会给你留下什么深刻的印象。比如，"删除才是定稿的本质，浓缩经验，精确表达"，这句话听起来很有道理，然后呢？如果没有然后，那么这基本上就是一句"正确的废话"，因为无法引发你的行动。

相反，如果你抓住时机问问自己：这个方法我可以用在哪里？我最近写书、写总结、写文章，是否可以考虑试试这种方法，进一步精炼所写的内容？当你这样问过之后，你对上述句子的印象会更深刻、理解会更深入。

遇到有启发的内容，除了问问将来可以用在哪里，你还可以问问自己：过去是否见过或做过类似的事情？

比如，下面是我在看书时记的一条笔记。除了总结并记录书里的观点和方法，我还会问问自己：我有没有做过类似的事情？有了这样的提问，我就能把个人经验和书里的内容结合在一起，不仅增进了理解，还借此观察到自己接下来实践时需要注意的问题，并把这些问题记录下来提醒自己。

2023/07/24

《陈云文选》读书笔记

- 关于如何才能少犯错误，陈云说，主要方法可以概括为三个：交换、比较、反复。

- 交换：交换正反两面意见，让自己的视角更全面。值得注意的是，收集反对信息后，如果这些信息正确就改进，如果错误就驳倒。只有这样，一个人的认识才能更接近客观事实。

- 比较：交换是为了更全面地认识事物，比较则是为了更好地判断事物的性质，用来了解事物的发展程度、要害和本质。

- 反复：重复上面两步，既是认识的过程，也是实践的过程。在此过程中，坚持正确的，改进错误的。

个人实践：

- 交换、比较、反复，确实能让正在做的事情变得更好，比如《笔记的方法》这本书的结构修改，就经历了这样的过程。

- 使用这三个方法有个重要前提——对事不对人。因为"自我"很容易敏感，导致人不知不觉进入防御状态，继而围绕自尊去争辩，而非基于事实。

—— 少楠

再比如，我在读"便利店之神"铃木敏文的自传时，对他提出的"'卖方立场'和'顾客视角'是完全不同的"这个观点很认同。他在书中举了这样的例子：在卖方看来，货架上的东西销售一空是"经营得很厉害"的表现；但是从顾客的视角来看，"这家店铺备货如此不足，想必经营得不是很到位"。

记笔记的时候，我并没有直接摘录他的案例，而是补充了自己亲身经历的案例：

> flomo是不是有网页版可以在任何浏览器上打开，就没必要再做桌面端App（应用程序）了？从开发者视角来看，现有功能够用了，不做显然更省事；但从用户视角来看，每次都要打开浏览器，还要输入网址，如果记不住网址还要搜索，中间多了好几步，很是麻烦。

这样的记录，不但能让我对书中观点的印象更深刻，还能帮我梳理过往经验，提醒我将来设计新功能时，始终不能忘记用户视角。

当然，结合自己的经验举例并不一定要长篇大论，毕竟笔记不是给别人看的，只要自己看得懂，记几个简短的句子就可以。比如下面这条笔记，就是Light用自己的经验举例的一个示例。

> 2021/05/30
>
> - 《详谈：沈鹏》一书提到，当一个产业里某一个要素发生10倍以上变化时，要认真去看看是否有新机会诞生。
> - 移动互联网当然是最大的例子。大量人来到线上，且产生更紧密的连接，于是有了新机会。更具体一些说，当配送员也都用上智能手机，外卖调度系统才成为可能。
> - 更近一些的例子有：疫情之于在线办公领域，抖音之于视频编辑工具。
>
> —— Light

除了上面两种自我提问方法，值得问的问题还有很多。比如，你还可以问："这个观点和传统观点有什么不同""我对这个观点有什么疑问""这个方法适用于什么场景下的什么问题，不适用于什么场景下的什么问题"，等等。

如果没有"自我提问"，仅仅是划线或摘录别人的句子，笔记记得再多，我们至多也不过是精密的复读机，或者知识的搬运工。而有了"自我提问"，我们就能通过思考把有价值的信息辨识出来、逼问出来、萃取出来；也只有这些经过用力思考的信息，才有机会内化于心，才有可能为我所用。

小结

关于如何记录对自己有启发的事情，《好好学习》一书的作者成甲老师分享过一个有意思的思考：我们记笔记，应该像兵法中提到的那样，"你打你的，我打我的。以我为主，积极主动"。

因为人和人不同，即使看到同样的信息，每个人的启发也不尽相同。所以，别人的知识素材，我们可以模仿、可以借鉴，但最终还是要以我为主地去记录，否则，一切就都依靠在别人身上了。

　　记录自己的启发和思考，一开始实践起来有点难，但它依然值得做。毕竟，无论是投资的复利，还是知识的复利，都需要我们用心去积累，长期有耐心。过些日子，当你重新翻看笔记，惊喜地发现自己的理解力又上了一个台阶，甚至发现当初思考的盲点，你便收获了属于自己的成长——这比形式上漂亮的笔记更宝贵。

　　微小的优势和劣势，都会长期积累。每一天都比前一天做得好一些，不断进步才是关键。

建议三：
记录反直觉的信息

前文提到，记笔记不要搬运，要多思考，要记录对自己有启发的内容。这一节，我们继续上个台阶——记录反直觉的信息。

之所以说"上个台阶"，是因为"反直觉"可以算作"有启发"的一种极端情况，记录反直觉的信息可以帮助我们打破思维惯性，从另一个视角来看待惯常的事物，得到完全不同的启发。

什么是反直觉的信息

我们生活的世界异常复杂，所以我们需要依赖各种默认值来生活，以简化每天要做的决策。比如，每天在差不多的时间起床，走同样的路线去上班，穿同样风格的衣服等，这都是为了降低决策成本。但凡事皆有利弊，这种默认值在帮我们降低决策压力的同时，也带来了另一个问题，就是让我们的思维具有某种惯性，或者让我们仅能看到事物的一个侧面。

记笔记也是如此。我们总是倾向于捕捉那些符合直觉的信息以自我强化——比如，很多炒股的人摘录沃伦·巴菲特（Warren Buffett）、查理·芒格（Charles Munger）的语录，主要是潜意识里认为自己也是拥有差不多认知的人。这样的想法固然可以在短期内让人感到满足，但长期来看，它只会导致我们在熟悉的地方不断兜圈——我也不能免俗，在我的笔记里，就有两条关于查理·芒格多元思维模型的记录。

2021/06/06

- A model is a human construct to help us better understand the real world.（任何能够帮助你更好理解现实世界的人造框架，都是模型。）
- 模型是我们用来思考和理解世界的工具。多元思维模型让我们可以方便地调用各个领域最精华的知识。

—— 少楠

2022/01/08

重读《穷查理宝典》

- 芒格热衷于收集思维模型，但他并不用思维模型证实，而是用它证伪。
- 证伪过程就是从工具箱里取出一个又一个思维模型，从不同视角对事物进行考察。
- 如果多个模型都没有摧毁某个机会，那就应该下重注。
- 应该关注大量机会，同时控制出手次数。

补充感想：

- 工具箱里的工具要扎实，质量胜于数量。
- 对任何机会都不要抱有不切实际的幻想，而是要实事求是去证伪，直到无法证伪。

—— 少楠

其中第一条是我早先记录的，内容简洁、逻辑清晰，但仔细一看，我只是把芒格的话照抄了一遍。这样的笔记，直接发到朋友圈肯定会获得不少点赞，却很难被我记住，更遑论为我所用。

第二条则是我和Light聊到查理·芒格时的一些记录。那次讨论，Light提出了一个观点：多元思维模型不是用来证明机会是有效的，而是用来证伪的。换句话说，如果一个投资机会经受住了多种模型考验还未被证伪，那么这个机会大概率值得下重注。

简直太反直觉了。在此之前，我一直把多元思维模型看作一个工具箱。如果你想在墙上钻个洞，那么从里面拿钉子、锤子也行，拿电钻直接打洞也行，总之，挑选想用的工具就好。但在Light看来，多元思维模型更像是飞机起飞前的检查清单——我们需要把上面的所有条目全部检查过，确认无误后，才能让飞机起飞。

这件事情让我意识到，原来关于多元思维模型还有这样截然不同的理解方式，于是认真记了笔记。后来，每当遇到重大决策，我都会想起这条笔记，我的决策质量也因此提高不少。

比如在考虑flomo要不要做AI相关功能的时候，我并没有像以前一样，灵感一来就兴奋地动手开发，而是从需求、成本、技术、合规等多个方面来逆向拷问这个想法是否成立——和芒格的结果一样，这样拷问后，我发现真正经得起考验的点子非常少。

除此之外，在我记过的笔记里，反直觉信息还有很多，比如下面这些笔记，都是我在觉察到自己有思维惯性之后，重新审视一些习以为常的概念、行为之后，发现并记录的反直觉信息。

> 2023/06/09
>
> 公开的批评或者自我反省可能不是美德,而是获取关注、认可、同情的有效手段。
>
> —— 少楠

> 2023/07/12
>
> ・很多人认识自己是为了改变自己,以符合外界期望,但这样的思考方式会让我们充满焦虑感和挫败感,在自我评判和自我否定中不断转圈。
> ・认识自己的真正目的是理解自己,而不是改变自己。这意味着觉察与接纳。
> ・在觉察与接纳的过程中,有益的变化会自然发生。这样的变化更为持久,因为它源自内部动机,而非外部期望。
>
> —— 少楠

如果你觉得日常没什么"反直觉"的事情,那其实不怪你,因为人类是一种以自我为中心的动物,总爱寻找自己认可的东西以自我强化,潜意识里的自我保护机制会让你忽视那些反直觉的信息。所以,或许不是生活平淡如白水,而是在我们觉察到"不平淡"之前,潜意识就已经帮我们把它们回避掉了。

如何捕捉反直觉的信息

反直觉的信息常常隐匿在看似普通的日常生活中,需要我们花些心思去捕捉。具体如何捕捉?我有两个技巧分享给你:第一,主动逆向思考;第二,用好奇心去挖掘。

技巧一：主动逆向思考

先来看第一个技巧，主动逆向思考。

芒格有一句非常著名的话："反过来想，总是反过来想。"他还有许多建议，都是从这句话衍生出来的。比如，"要得到你想要的某样东西，最可靠的办法是让你自己配得上它"，又比如，"如果我知道我会死在哪里，那我永远也不会去那个地方"。

为什么要逆向思考？其中一个原因在于，它可以帮我们捕捉到很多反直觉的信息。

举个例子。当年游戏机大战时，索尼的PS[1]和微软的Xbox[2]在画面与性能上不断竞争，希望以此吸引更多硬核玩家来购买。

但任天堂的灵魂人物之一宫本茂却不这么想，他的思路恰恰相反。宫本茂认为，如果只讨好硬核玩家，整个游戏机市场的规模将会逐渐萎缩，因此应该逆潮流而动，去扩大游戏用户的基数，尽量设计出一些可以让一家人一起玩、一起开心的游戏——就像全家坐在一起吃火锅一样。

正是这种逆向思考，让身陷谷底的任天堂起死回生，其发布的Wii[3]虽然没有更好的性能和画面，销量却一举超越了同时代的PS和Xbox，深受用户喜爱，以至于远在英国的伊丽莎白二世女王都成了其忠实粉丝。

无独有偶，在笔记App的世界中，也存在类似情况。许多资深用户都认为好的笔记App应该有更多功能，比如把文档、脑图、

---

1. PlayStation的简称，日本索尼公司的一个著名游戏机系列。
2. 美国微软公司开发的一款家用电视游戏机。
3. 日本任天堂公司推出的家用游戏机。

数据库、白板尽量多地整合在一起，这样才称得上强大。

受到宫本茂的启发，我们开始逆向思考：除了资深用户，比如知识达人、研究人员之外，那些刚开始学习记录的普通人，到底需要什么呢？这种逆向思考，让我们在做用户调研的时候，把调研目标聚焦在了许多入门用户身上，比如新晋教师、健身教练、房屋中介、非名校学生等，收获了许多反直觉的信息：

· 大多数人不是在笔记App中写长文，而是随手记零碎的想法；

· 大多数人不在乎文本编辑功能强大与否，而在乎如何培养自己的记录习惯；

· 大多数人不是看不懂分类功能，而是不知道怎么分类，以及分类之后怎么用。

正是这些反直觉的调研信息，让我们在设计flomo时有了新思路：比如，设计像聊天一样的输入框，让普通人能够无压力记录；增加"每日回顾"功能，让过往的记录被用户看到，激发持续记录的动机；通过公众号、flomo101，甚至这本书，告诉大家如何记笔记、如何用笔记。这些底层思路让flomo在笔记工具的红海中，走出了一条特立独行的路。

图灵奖得主艾伦·凯（Alan Kay）对视角转换有过高度评价："视角转换，等价于增加80点智商。"[1] 而逆向思考，正是最强有力的视角转换。

---

1. 原文为"Point of view is worth 80 IQ points"。引自Wikiquote, https://en.wikiquote.org/wiki/Alan_Kay。

技巧二：用好奇心挖掘

看完主动逆向思考，我们再来看第二个技巧，用好奇心去挖掘。

"主动逆向思考"需要我们转换视角，"用好奇心去挖掘"则更需要我们抛开已有观念，保持开放心态。

举个例子。人类学家项飙就总能通过好奇心去挖掘、去提问，捕捉到反直觉的信息。

在一次访谈[1]中，有位年轻读者提道：许多年轻人的现实生活处境非常艰辛。他们可能没有机会享受到你们当年享受到的资源，所以在这时候让他们谈"自我"是很奢侈的。

如果缺乏好奇心，一个人很可能会对这种说法进行反驳。比如，年轻人怎么艰难了？怎么就没享受到更好的资源了？不是还有互联网吗？等等。但是项飙没有直接回答，而是用好奇心去拆解那位读者提的问题，比如何谓艰辛？哪个人群感到艰辛？提问人属于哪个人群？一项一项分析清楚。

正因为项飙坚持用好奇心去挖掘背后的信息，所以他可以和问题保持距离。在此之后，他才发现了其中隐藏着的反直觉信息——现代人不是经济上的贫穷，而是意义上的贫困，不知道自己做事情是为了什么，于是很容易被裹挟，以至于看不见自己。

同样的道理，在做 flomo 一对一用户研究的时候，我们发现一个现象——在接受调研的几十位用户中，有好几位最喜欢的功能是"这款软件能让笔记在手机和电脑、手机和手机之间免费同步"。

---

1. 哔哩哔哩：《对话在继续——<把自己作为方法>一年后》，https://www.bilibili.com/video/BV1954y1E76S/，2023 年 8 月 17 日访问。

这让我们觉得奇怪：为什么让这些用户点赞的，不是我们精心设计的标签系统或回顾功能，而是一个早在十几年前就被许多产品做过的免费同步功能？对于这个问题，我们没有置之不理，而是怀着好奇心继续挖掘、继续调研，最终发现了反直觉信息。

原来，过去我们以为，用户不会被笔记同步问题困扰，因为这项技术并不新鲜，很多手机自带的备忘录都能实现。但一番调研后我们才发现，这跟技术新不新鲜没关系。事实是，很多年轻用户刚工作时手头不宽裕，买的手机不会很贵，每隔一两年手机性能不够用时，就会尝鲜换个品牌。这时候，如果他们之前用手机自带的备忘录记笔记，要想把笔记迁移到其他品牌的手机上就很麻烦。而 flomo 的同步功能为他们消除了这些麻烦。

你看，这对我们来说就是一个反直觉信息，让我们看到了从未想过的用户使用场景。如果当时没有怀着好奇心去挖掘，这个重要信息就不会为我们所知。

小结

反直觉的信息可能会让人感到不舒服，因为那会打破习以为常的叙事，让我们处于不确定之中。

但也正是这些信息，帮我们打破思维惯性，激发我们用力去思考、用心去挖掘，就像让过去的人意识到钢铁也能在天空中翱翔那样，让我们意识到自己的思维盲区，变成更有智慧的人。

还记得那句话吗？同时保有两种截然相反的观念还能正常行事，是第一流智慧的标志。

建议四：
记录让自己情绪波动的事情

前文分享了许多记笔记的建议，更多聚焦于记录比较硬核的内容，比如事实、理论、观点等，更偏理性。除此之外，其实还有一类信息值得记录，它更偏感性，那就是让你情绪波动的事情。

相比常规的笔记，记录情绪更侧重于捕捉个人的内在体验，以及这些体验发生时的外部环境。你可能会想，记录这些有什么用？别着急，我们先来看看记录情绪的价值是什么。

记录情绪，理解自己

自从2020年创业以来，我一直有记录自身情绪的习惯。本以为这样记笔记的人不多，但做flomo以来，我们发现，很多用户都在分享类似的用法。

比如，有位用户说，为防止自己被情绪拽着走，他会记录

"觉察日记"；有位用户说，每当懊恼、难过的时候，他会通过记笔记梳理情绪；有位用户是心理咨询师，她经常建议来访者记录某个情境下的情绪——这样记多了以后，改变就会悄悄发生。

仔细想想，情绪这种"内在知识"，看似主观和个人化，却能带来许多价值：

1. 促进对自我的理解。记录情绪，能让我们更敏锐地觉察自我，有利于我们理解自身情感模式和环境中的触发因素，继而更好地识别自身需求和情感趋势，以便做出调整。比如对我来说，有次翻看过往的情绪笔记，我发现自己倾向于对一些负面评价抱有敌意。一个表现是我会把用户对产品缺陷的评价转移到我个人身上，继而火冒三丈，想下场和人辩论。觉察到这一点之后我意识到，这种应激反应不但会导致我的情绪波动变大，还会让我错失许多改进的机会。理解了这些，再次遇到类似问题，我就能更冷静地面对，避免被情绪主导，继而获得更全面的视角。

2. 帮助保持情绪健康。记录情绪，也可以是一种情感的释放，避免我们没搞清楚原因就把情绪发泄到别人身上，或者长时间压抑自己的情绪，影响身心健康。比如对我来说，一旦涌入太多临时性事务，我整个人就会变得焦躁，容易因为一点小事对合作伙伴发脾气。此时如果忍着情绪不发，有可能埋下怨恨的种子；而如果让自己停下来，先记一记当下的情绪，很可能一段话还没写完，我的火气就已经没有那么大了。

3. 帮助增强决策能力。情绪是个放大器，所以古人才说"盛喜中勿许人物，盛怒中勿答人书"。持续识别和记录自己的情绪波动，不仅能帮我们避免脑袋一热仓促做出决定，而且能让我们更有同理心，理解他人为何会有各种情绪，帮助自己做出更好的决策。比如，一旦理解了各种情绪，我们就不会在投资市场追涨杀跌，也不会仅仅因为外界鼓吹寒冬而寝食难安。

你看，记录内在情绪也是一件颇有价值的事情。这样持续不断地记录，会让我们拥有更多"数据"来调试自己，向理想的自己迈进。

如何开始记录情绪

记录情绪虽然不复杂，但也不是只记今天开心不开心就可以。如果只是这样记，我们将来回顾时就会缺少足够的上下文。那要怎么记呢？

我开始记录情绪，是受美国著名管理专家、《基业长青》[1]一书的作者吉姆·柯林斯（Jim Collins）的影响。他在一档播客[2]上分享过一个记笔记的习惯，叫作记录生活日志（lifelog）。他的笔记非常简单，每天的笔记都有三列：一列记录当天的主要工作，一列记录创造性工作小时数，还有一列就是用来记录情绪的，比如情绪很好、一般、有些差等，一共五个档位。

这样记录的好处在于，当回顾笔记时，他可以方便地发现自己情绪变化的规律，比如：

· 情绪很好的日子，往往创造性时间也比较长；

---

1. 〔美〕吉姆·柯林斯等：《基业长青》，真如译，中信出版社2019年版。
2. Apple Podcasts Preview, #361: Jim Collins—A Rare Interview with a Reclusive Polymath, https://podcasts.apple.com/us/podcast/361-jim-collins-a-rare-interview-with-a-reclusive-polymath/id863897795?i=1000430103992, August, 2023.

· 情绪很好的日子都"非常简单",比如去攀岩,和真正爱的人在一起,或者完全独处。

你看,这样记录后,一个人就能像调试程序一样,调试自己的状态,而不仅仅是被情绪牵着鼻子走。

受柯林斯影响,我会在每天睡前(或次日清晨)撰写一张卡片,大概几百字,简明扼要,其中包括几个要素:

· **给当日情绪打标签**:回顾过去一天的整体情绪如何,并打上标签,方便后续回顾。我会把情绪划分为高(Good)、中(Mid)、低(Low)三种状态。当然,你也可以有更精细的区分和定义。

· **扼要记录当日行动**:记录自己从早到晚做了什么。这里追求的不是事无巨细,比如刷牙、洗脸等就大可不必记录,而是把相对重要的事记下来。

· **记录情绪波动及原因**:记录一天中自己的情绪发生了哪些变化,并尝试分析原因——比如,和什么事情有关、周围的环境如何、情绪是如何被触发的、引发了什么后果等。

2022/08/16

#Lifelog/情绪/Good

· 5点多起床,翻看《神经的逻辑》1小时,做了两大段笔记,关于意识和潜意识系统,以及记忆的特点。

· 上午开始处理客服问题,但是拖拖拉拉持续了一整天。

· 午饭后本想开始设计flomo安卓版本的语音输入,但意识到这周不进入开发,优先级应降低,所以想了想框架就放下;然后设计优先级更高的编辑器——没有着急上手做,而是先思考了不同的可能,打了个草稿才开始。

- 设计完编辑器，在户外写了图书新内容的草稿，推敲了逻辑结构，查找了不少资料，但是刻意没有进入正式写作流程，以免当日过于疲劳。
- 处理客服问题，回家吃饭、休息。
- 晚上又看了1小时资料，后半截感觉有点力竭，所以选择暂停输入，开始听歌休息。

—— 少楠

这样记录一段时间后，我就可以根据不同的情绪分类进行回顾。比如我发现，从情绪状态来看，大多数日子都是"中"，"高"和"低"并不太多，但是印象深刻的却是"低"的日子。那么，这些日子为什么情绪不好呢？

仔细翻看记录我发现，这些日子有个共同特征——工作总是被突发的事情打断。比如，当天计划提交flomo的新版本，却被临时发现的程序错误打断，这时候如果再接几个意外打来的客服电话，我会变得心神不宁，做事效率大打折扣，继而产生拖沓心态，甚至为逃避工作去刷社交媒体。这样乱糟糟的一天下来，我的成就感不高，情绪自然不好。

有记录就有了依据，有依据就方便做调整。根据上述观察，后续我做了相应的调整：一方面是将琐事固定在一天中的某个时段集中处理；另一方面是"认怂"，不把日常工作计划排得那么满，留出余裕应对突发情况。

关于如何更好地回顾笔记，后续会有专门的章节讲述，这里先不展开。在这里我想跟你分享的是，记录情绪并不难，却能让我们受益颇多。

记录情绪的两个要点

虽说记录情绪不难，但要想记得好，也要讲究方法。我有两个亲身实践后总结出来的要点分享给你，希望对你有帮助。

要点一：诚实面对内心，如实记录想法

第一个记录要点是，诚实面对内心，如实记录想法。

记得有一天我情绪很低落，起因是有个营销方案我准备了许久，原本感觉胸有成竹，但在团队讨论时却爆出来一个很关键的缺陷，不得不重新来过。

表面上看，这是一个思考不周的问题，但为何会让我情绪低落？通过自我追问和诚实地回答，我发现了更深层的原因：因为我觉得，我付出了那么多时间和精力，你们非但不鼓励，还一讨论就指出这么大的漏洞，让我下不来台，我的面子往哪里放？

挖掘到这里，才触及问题的本源：自己情绪低落，是想要获得他人认可的预期被打破，继而产生了情绪上的反扑，想要找到别的理由去攻击他人。

你看，如果我记的笔记是"方案爆出漏洞，情绪很低落"，并不能反映出真实情况，而坦诚挖掘并记录真实的想法，才能找到并呈现情绪的根源。

那么如何尽可能做到"诚实"呢？我有两个小技巧分享给你：第一，你可以试着把自己抽离出来，像观察最好的朋友那样观察自己。看到什么记什么，尽可能保持旁观者视角。第二，只记录，不评判。情绪没有好坏，不要苛责自己。当你把情绪当作"问题"的时候，往往会限制自己的视野；而当你把它当作"合理的存

在"，视野反而宽广很多。

要点二：不仅记录情绪，还要记录环境

第二个记录要点是，除了记录情绪，还要记录情绪发生的环境。

为什么要记录环境？因为人是环境的反应器，我们产生某种情绪，多半是受环境影响。如果我们换个环境，或者设计一个新环境，那么情绪也可能会随之变化。假如你的情绪陡然从开心变为沮丧，那么你可以记录一下，在什么环境中发生了什么事情。

我有一阵儿在记录情绪时，专门记录了一些和身体健康相关的信息，比如睡眠状况。某天定期回顾笔记时我发现，情绪焦躁的日子，往往也是睡眠不足的日子。那些日子我入睡很晚。又因为刚刚入夏，还不至于开空调，于是我便开了窗。窗户一开，早上6点到来的垃圾车就会把我吵醒。睡得晚加上醒得早，我的睡眠时长往往不足6小时。

情绪焦躁，会不会跟睡眠不足有关系？观察到这个环境因素，我开始要求自己晚上9点后不许看电脑，尽量保证10点左右睡觉；打开空调，这样就可以关窗睡觉，隔离噪音；同时塞上软耳塞。这样做了几天，我的睡眠质量提高很多，焦躁情绪也减轻不少。你看，改变环境之后，情绪也会随之变化。

再比如，之前在公司上班，我很容易暴躁，但创业后类似情绪少了许多。后续分析原因我发现，自己并没有太多变化，变化的是环境。之前容易暴躁，是因为我在彼时的工作环境中缺少决策权，于是常常对团队成员或其他协作的同事发火；而创业后我拥有了更多决策权，环境发生了变化，这种情绪自然就少了。

你看，只有把环境记下来，当我们回头分析时，才能观察到更真实的现场，进而找到改善的方向。

如果不去改变环境，只是压抑着让自己成为一个情绪稳定的人，那么最后我们会如万青（万能青年旅店）的歌词所说的那样——如此生活三十年，直到大厦崩塌。

小结

如你所见，和传统意义上的笔记不同，"记录让自己情绪波动的事情"可以帮你更深入地认识自己，并为你"调试自己"提供依据。

除此之外，记录情绪也是和自己对话的过程，可以让你慢下来，对情绪状态保持觉察。你会发现，有的负面情绪根本不需要解决，被觉察之后，自然烟消云散。

当然，不只是让你感觉不好的情绪值得记，你的快乐、开心、兴奋……只要是穿过身体的强烈情绪，都值得记。如果你有兴趣，不妨做个小实验，试着每周记几条情绪笔记，看看它们会不会成为你认识自己的线索、调试自己的依据。

建议五：
记录自己的实战经验

关于如何"用自己的话记笔记"，前文提了四个建议。在此基础上，如果你想进一步借助记笔记解决现实问题、影响现实世界，通过稳扎稳打的记录实现可叠加的进步，那么我们还有第五个建议：记录你的实战经验。

所谓实战经验，对应的是理论知识，指我们在实践过程中收获的有价值信息。比如，如果你是医生，医治病人的诊疗经历，是你的实战经验；如果你是创业者，曾经踩过的坑、做过的决策，是你的实战经验；如果你是作家，平日里码字积累的手感、总结的方法，是你的实战经验……总之，只要你是一个不断做事的人，那么就会有大量的实战经验产生，而它们都值得被记录下来。

或许你会说，可是我觉得自己的思考不成熟啊，做的事情太简单，自己的实战经验不如书本上、课程里的内容含金量高。毫不夸张地说，这种刻板印象让许多人错失了一座帮助自己高效学习、稳步成长的"金矿"。

让我们先来看看记录实战经验为什么如此重要。

为何记录实战经验

记录实战经验之所以重要,是因为它可以帮我们每个人,尤其是知识工作者解决学习和成长过程中的两个典型问题:第一,热爱学习却进步有限,难以解决实际问题;第二,努力工作却看不到成长的台阶,不知道如何积累核心能力。

先来看第一个问题,热爱学习却进步有限,难以解决实际问题。

我面试过一个印象深刻的候选人。那位候选人刚一进门,就丢在桌子上一本近两个iPhone厚的册子,然后坐下来自信满满地说:"这是我在某网站写的精选内容合集,我在那个网站有上万名粉丝,你可以先看看,然后我们再聊。"

我仔细翻了那本册子,发现里面内容虽然很多,但都是对时下热门产品改进的介绍,很少有候选人自己的观点。而当进入结合实际业务的笔试环节时,我请他设计一个审核系统的大致模块和业务流程,他呆坐在会议室许久没有给出方案。结局自不必说,他没有被录取。

如果一个人只知道理论而无法实践,那么与纸上谈兵无异。

其实这种情况在职场中并不少见。我们不能说那位候选人不爱学习,但是,脱离实践的学习是极其低效的。用Light的话说:"世界上最远的距离,是知与行的距离。理论上,理论和实际是一样的;但实际上,理论和实际并不一样。"

正确的学习姿势,永远是在实践中学习:躬身入局,承担明确的责任，感受切身的痛苦，直面具体的问题。这样做了之后你会发现，要想做成一件事，除了基本的理论知识，还有太多书本上没有的东西需要学习、值得积累。

比如，我从事互联网医疗行业时就发现，这是一个新兴行业，政策变化又多又快，要想做好相关产品，一定要研读最新政策文件。虽然它们真的很枯燥，但如果不读，你就不知道又有了什么新规定，也不知道哪些做法是不合规的、哪些做法是有风险的，等等。重要的是，这些经验只有在实战中才能获得。

当时许多来面试的产品经理或运营，都吐槽平台的问诊流程太复杂，洋洋洒洒讲半天优化方案。从纯粹产品设计的角度来看，他们说的大部分都对，但如果根据《互联网医院管理办法》来审视，就会发现大量漏洞。而那些漏洞大都是缺少实战经验导致的。

因此，你如果热爱学习却感觉进步有限，不妨尝试记录自己的实战经验。你会发现，那些书本上没有的实战知识，是解决问题不可缺少的依据。请记得，我们记笔记不仅仅是为了应对考试或输出文章，更是为了解决现实问题，影响现实世界。

再来看第二个问题，努力工作却看不到成长的台阶，不知道如何积累核心能力。

我是学美术出身的，记得以前画画的时候，一天画五张，上午一张素描，下午一张色彩，晚上再来几张速写。通过这种方式，我每天不停练习，持续了好多年。如果挑出不同年份的作品，我能明显看到不同的变化。

这和记录实战经验有什么关系？仔细想想，我们看完一本书，做完一个方案，怎么知道自己"进步"了呢？其实挺难的。但对学习绘画来说，每张画都是一次"反馈"，我能看到构图、透视、色彩等方面的问题，然后在接下来的一次又一次练习中改进。

从这个角度看，如果你觉得努力工作却没有进步，可能是因为你的工作方法就像是画完画之后立即把画作扔掉，然后开始画下一张。没有存储下来的记录，你就没法仔细分析并做出改进。

对于今天的知识工作者来说，很多人并没有"画作"可供参照，就像摸黑走路，看不见成长的台阶。而记录实战经验，可以有效解决这个问题。

记录实战经验可以帮我们把原本看不见的成长变得可视化，让我们更明确地知道自己哪里做对了，哪里做错了，下一步该怎么做。Light经常在我们公司内部提道：推进、巩固、再推进——如此反复，我们就有可能实现可叠加的进步，就像爬楼梯一样，一步一个台阶，而不是每一次都从零开始。

关于这一点，纪录片《徒手攀岩》的主人公亚历克斯·霍诺尔德（Alex Honnold）就是个典型例子。很多人知道，Alex是一名攀岩运动员，曾在没有任何工具和保护措施的情况下，徒手爬上近乎笔直、高达914米的酋长岩。但大多数人不知道，他之所以能完成这个壮举，背后有一个功不可没的帮手——攀岩笔记。

每次练习攀岩回来，他要做的第一件事就是记攀岩笔记。我们随便摘录几条看看：

> 第一段，从左侧一路向上，双腿分开，很安全。
> 第二段，相信右脚，推重心。
> ……感到疲乏，需加强锻炼。
> 第八段，很容易，快速通过。

你看，Alex记录的技术要点，正是我们所说的实战经验。如果没有这些，他就没有复盘的依据；而有了这些记录，他就可以据此做出调整、自我迭代，一步一步成长为攀岩高手。

关于个人成长，Light曾分享过三种方法。他说，假设有资质相同的三个人，成长方法各不相同。A的成长方法是"理论学习"，B的成长方法是"理论学习+实践"，C的成长方法是"理论学习+实践+复盘"。那么，A的成长速度一定比不上B，而B的成长速度一定比不上C。假以时日，三人的境界也必然迥异。

如何记录实战经验

了解了记录实战经验的好处，接下来我们看看，记录过程中有哪些需要注意的要点。

第一，如实记录，对抗"认知失调"。

人类是最容易欺骗自己的动物。Light曾经写过一篇关于认知失调的文章，提到我们的大脑有一种自我保护机制，叫"认知失调"。简单来说，当你有两个认知彼此冲突、产生矛盾时，你会感受到压力、焦虑、紧张和不安。而为了缓解这种压力，你会有强烈的内在动机放弃或改变某个认知，使自己的认知重新调和一致。

举个例子：

- 假设我有一个基础认知：我是聪明的；
- 当我做了一个愚蠢的决策，这就和前一认知产生冲突；
- 两个认知彼此冲突，我便认知失调了，我有强烈动机去改变一个认知，以消除冲突；
- 其中一个选项是改变"我聪明"这一认知，另一选项是改变"我做了愚蠢决策"这一认知；

- 显然，前者更难，让我承认自己并不聪明，需要消耗大量心智成本和情感成本，这可太费力；
- 于是我会更倾向于改变第二个认知，"我做了愚蠢的决策"这一认知被修正为"这个决策其实不蠢""这个决策不是我做的"……
- 这样一来，我又一次捍卫了"我是聪明的"这个坚定的立场。

你看，虽说认知失调是一种正常的心理现象，但它的可怕之处在于，认知冲突的消解，会自动在潜意识里发生，且总是循着阻力最小之路发生。甚至在我们还没有任何觉察的时候，大脑就已经巧妙地篡改了记忆，让我们没有机会去面对真正的问题。

而及时、如实地记录自己的实战经验，可以帮我们有效对抗"认知失调"。因为如实记下来的文字会成为一种铁证，不容篡改，让我们无从逃避，唯有面对现实。

比如在设计 flomo 编辑器时，我们一度觉得只需要增加更多编辑功能就能让用户满意，但实际上却发现并不是这样。下面的笔记就记录了我们当时对于错误决策的复盘。

2023/06/11

- 满足用户需求的时候，不应该盲目做加法，而是要想办法降低复杂度。比如将功能分组或者折叠。
- "选择多"的产品看起来功能强大，实际上会让用户陷入选择困难，上手成本很高。
- 不要轻易改变用户的习惯，哪怕之前是不合理的设计，时间长了之后突然改动，也会引起很多人的反弹，就像 QWERTY 键盘虽然不是最高效的，却是最多人习惯使用的。

—— 少楠

第二，尽量详尽记录每一次重大决策的思考过程和结果。

Light曾分享过他的笔记系统[1]。在他所有的笔记里，"实战经验"这类最多。他记录实战经验有一个原则，就是详尽记录每一次重大决策的思考过程和结果。

比如对我们来说，决定是否要写这本书，就是一个重大决策，必须考虑非常多因素，于是Light在记笔记的时候，会记录做这个决策的思考过程：

- 我们能否驾驭好这个话题？能否真的帮助到读者？
- 写一本书的复杂度，和写一篇文章的复杂度，不可同日而语。我们做好准备了吗？
- 对应的时间成本会是多少？我们是否有足够的空余时间？
- 还有哪些其他工作在推进？值得为写这本书推迟其他工作吗？
- ……

2021/05/03

flomo的定位和边界：

- 不可能成为Notion。产品架构有约束，市场竞争不允许。
- 核心定位还是卡片盒、收集器。
- 对应的关键体验：
    1. Input
        1.1 收集和记录足够方便，覆盖尽量多的场景。

---

1. 详见本书第二部分"案例二：以辅助决策为导向的分类方法"，此处先展示其中一部分内容。

> 2.Output
>
>   2.1 被动
>
>   2.1.1 回顾：持续为用户带来价值感和新鲜感。
>
>   2.2 主动
>
>   2.2.1 基于明确目的寻找：能找到，路径短。
>
>   2.2.2 基于模糊目的探索：连接丰富，可选路径（线索）多。
>
> - 不为：
>   - 半衰期短的内容（如to do）。
>   - 富文本编辑（如文档）。
>   - 需要用户过多投入的连接建立（如双向链接功能）。
>
> —— Light

再比如，如何确定flomo的核心定位和边界，对我们来说也是非常重大的决策。而上面这条笔记，就是2021年年中，Light记录的关于flomo核心定位的思考。

值得注意的是，我们除了要记录决策前的思考过程，还要记录决策后的实际结果，以便对照分析、完成复盘、不断校正、自我迭代。关于如何复盘，又是个大话题，此处不做展开。简单来说，我们需要通过复盘做到：

（1）如果结果是差的，能够知道错在哪里，往后如何改进。

（2）不仅要发现不好的进行改进，还要挖掘做得好的持续发扬。如果结果是好的，可以看看是因为做对了什么决策，往后如何继续保持。

（3）特别注意一种情况——虽然结果是好的，但和你的决策并不相关，只是瞎猫碰上死耗子，那就莫要乱得意，更不要总结出错误的"成功"经验。就像那个经典的电梯故事：

> 电梯里有三个人：一个人做俯卧撑，一个人蹲着，一个人跳跃。到了 24 楼，有人问他们是怎么上来的。
>
> 第一个人说，我做俯卧撑上来的。第二个人说，我蹲着就上来了。第三个人说，我是跳上来的。其实，他们都是坐电梯上来的。

无论是上述哪种情况，如实、详尽的记录都能帮助你清晰、客观地分辨出因果，然后持续迭代自己，一步步积累出不可替代的核心竞争力。

小结

在我们每个人的日常工作中，除了工资等收入之外，实战经验也是非常有价值的——甚至我们越年轻，就越重要。

这并不是什么鸡汤。因为这些经验不但能随着时间积累，还能一辈子跟着你走。就像我和 Light，十多年前我们刚认识的时候，工资和初入职场的大多数人没什么差别，但一起做项目的经验却弥足珍贵，以至于到今天依旧能为我们带来启发和帮助。

所以，不论你在哪里，做什么工作，请记录你的实战经验，这样做不但能让你有更多反思和进步的空间，还能让你持续积累"长在身上"的能力，变得更有价值。

建议六：
精炼核心内容

前文分享了很多建议，比如记录有启发的内容、记录反直觉的信息等，都是为了帮你解决该记什么、如何记得更好的问题。如果你把这些建议付诸实践，发现"用自己的话记笔记"越来越轻松，恭喜你，你已经闯过了"有效记笔记"最重要的一关。

到了这个阶段，如果你还想更进一步，希望借助记笔记更高效地思考，更得心应手地把笔记用起来，我们还有最后一个建议：精炼核心内容。

为何对记录进行精炼

我和 Light 都读过《邓小平时代》[1]。这本书字数多达 47.7 万，

---

1. 〔美〕傅高义：《邓小平时代》，冯克利译，生活·读书·新知三联书店 2013 年版。

如果用iPhone13大小的手机，大概需要翻1622页才能翻完。

当时读完这本书，我大概记了上百条笔记，因为觉得书里有太多精彩的内容，所以贪心地想把它们都吸收到大脑里。但后来和Light聊到这本书时，他对整本书的精炼让我印象深刻，因为他只提炼了一个核心点：

> 什么是"实事求是"？
> · 摆脱意识形态的束缚；
> · 承认令人不快的事实；
> · 实践是检验真理的唯一标准。

你看，面对这么厚的一本伟人传记，一种记笔记的方式，是不敢遗漏任何"精彩内容"，于是大而全地泛泛记录；另一种方式则是根据自己的需要选择要记录的内容，集中花力气把一个或几个要点精炼透彻。哪一种更好呢？经过实际对比，我们建议你使用第二种——精炼核心内容，这是因为：

首先，精炼核心内容可以帮你更好地调用记过的笔记。 一个赤裸裸的现实是，我虽然记了上千字的笔记，但每次向别人推荐这本书，却无法从那么长的笔记里精炼出一个或几个重点。相比之下，我和Light在创业过程中多次谈到"实事求是"这一概念，每次提及，最先想到的就是Light那条笔记，因为足够精炼——这就好比开卷考试，我们最好提前在书中把考点标记出来，而不是带着一本新书进去从头看。

其次，精炼核心内容可以帮你锻炼决断力与思考能力。 笔记冗长未必是好事，因为那大概率意味着我们不敢放弃不重要的内容，而是跟着作者的思路往前走，丢掉了自己作为阅读者的主动权，没有思考到底什么内容对自己有用。而精炼核心内容则可以帮我们进一步思考，对自己来说，究竟什么内容才值得记录，以及这些内容的精髓到底是什么。

用力思考后你会发现，真正能为自己带来启发、对自己有价值的内容往往只有几个点。我们要记录这些点，而不是试图复述整本书的内容，变成一台复读机。

如何对记录进行精炼

知道了精炼核心内容的好处，接下来我们就来看看，具体如何让笔记变得精炼。

先了解主干，再从中挑选

很多人读书或文章，一上来就急着记笔记。其实，这样往往会让我们陷入无尽的细节里，使笔记变得散乱、臃肿，可能还会忽略掉对自己有用的关键信息。

怎么解决这个问题呢？我们的建议是，不要着急记笔记，而是尽量先了解整本书或整篇文章的主干结构——因为这会帮你抽离出来，拥有更高、更广的视角，知道书或文章的内容大致如何分布，从而为挑选值得记录的内容打好基础。

以阅读某本非虚构类书籍为例，多数时候我们阅读的顺序都和下图类似——从左到右，从上到下，一个一个章节线性地阅读。由于每个章节依次展开，我们阅读时就必须记住各种细节，比如拗口的外国人名，否则很难读下去。如果过度关注此类细节，我们的注意力带宽就会被占满，从而忽略章节和章节之间的结构关

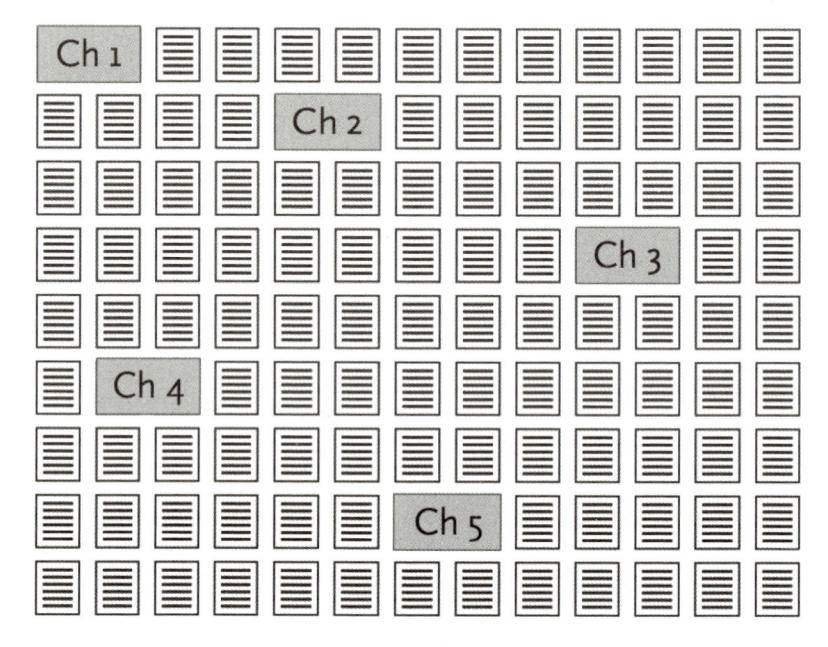

图2-2[1]

系，甚至可能还没读到真正有用的部分就已然放弃。

或许我们可以换个思路来看：不着急进入细节，而是边读边拆解其结构。比如，你可以在阅读前先翻看序言和目录，大概了解这本书的各个章节以及章节之间的关系，然后再详细阅读。具体到每篇文章，你也可以跳出来看看这篇文章有几个部分，它们之间的关系是什么。像这样在宏观和微观之间反复切换，可以帮你在脑海中建立起类似下图这样的结构，也就是内容的主干。

当然，并非每一本书的目录、每一篇文章的小标题都足够清晰。面对这种情况，你就需要花点时间"破译"主干。具体来说，你需

---

1. Francis Miller, Organising Knowledge with Multi-level Content, https://www.francismiller.com/organising_knowledge_paper.pdf, June, 2023.

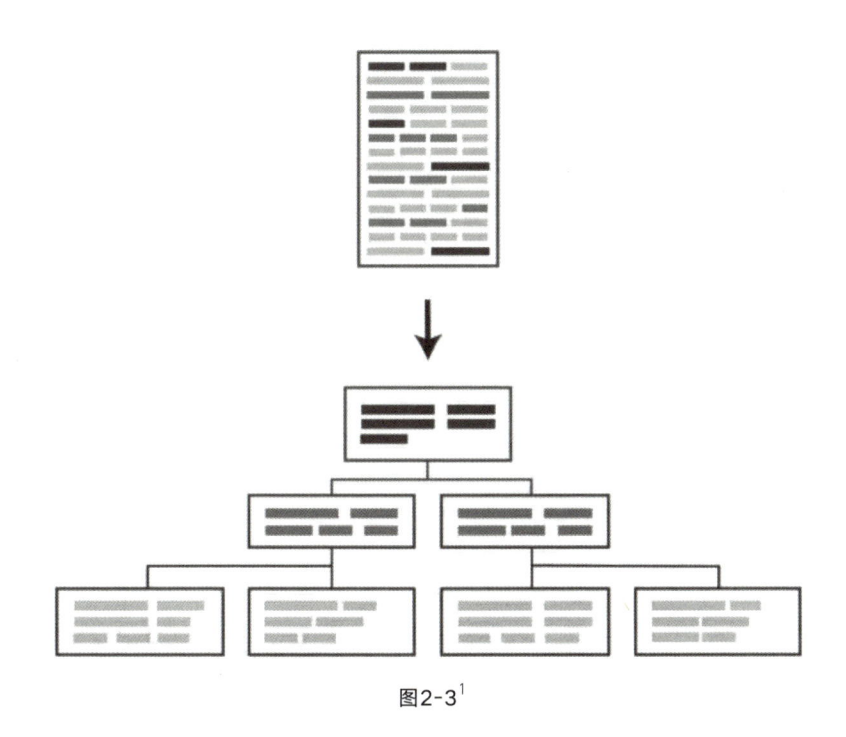

图2-3[1]

要从读者视角转换到作者视角，了解一本书或一篇文章是如何组织的。

比如，作为作者，在写这本书的过程中，我们脑海里有很多内容想和你分享，但要想让你更好地理解它们，我们就必须设计一个特定的结构——也就是这本书的主干，然后按照主干结构一点一点组织文字。你在看的这本书，就是按照"应用篇""记录篇""收集篇""心法篇"的结构组织而成的。

你可能觉得，作者怎么想，我怎么知道呢？这里其实有个小秘密：多数作者设计结构都不是随意而为，而是会遵循特定的模

---

1. Francis Miller, Organising Knowledge with Multi-level Content, https://www.francismiller.com/organising_knowledge_paper.pdf, June, 2023.

式。了解这些模式，正是你"破译"主干的突破口。

那么，具体有哪些模式？我曾在研究知识管理问题的时候读到一篇论文[1]，作者指出，组织知识主要有以下九种结构。也就是说，我们平时看到的很多书或文章所使用的，多是其中某一种结构或某几种结构的混合：

1. 树状分类（Taxonomy）：将元素分类，层级化展示，常见于科学类书籍，比如生物学书籍中的生物分类法。

2. 因果解释（Causal Explanation）：解析原因与结果，常见于社会科学类书籍，如解析某种思想的萌发。

3. 描述（Description）：解释事物的组成部分，常见于各种工程技术类书籍，如描述发动机结构。

4. 时间线（Timeline）：按时间顺序排列事件，常见于历史或传记类书籍，如印象派发展的时间线。

5. 论点/案例（Argument/Case）：论证某观点，常见于政治、经济或法律类书籍，如论证一种制度的合理性。

6. 内容结构（Content Structure）：概述内容安排，常见于教科书或指南类书籍，如概述课本的章节结构。

7. 故事（Story）：叙事手法，常见于小说或个人传记类书籍，如描述一个人的成长经历。

8. 流程与序列（Process/Sequence）：描述特定过程中涉及的步骤，常见于操作指南或程序类书籍，如描述机器操作的流程。

---

1. Francis Miller, Organising Knowledge with Multi-level Content, https://www.francismiller.com/organising_knowledge_paper.pdf, June, 2023.

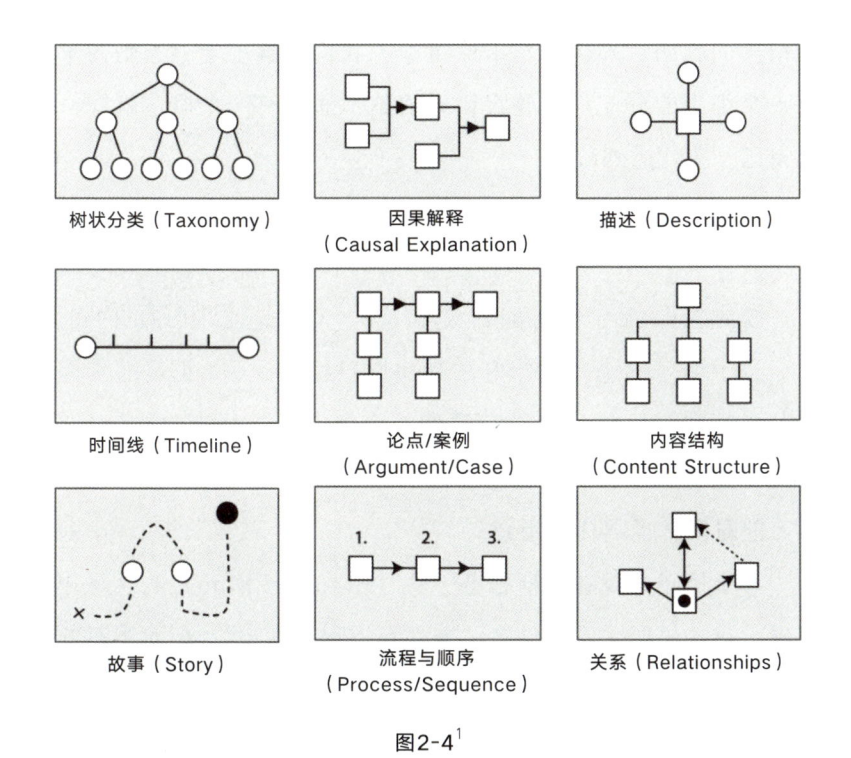

树状分类（Taxonomy）	因果解释（Causal Explanation）	描述（Description）
时间线（Timeline）	论点/案例（Argument/Case）	内容结构（Content Structure）
故事（Story）	流程与顺序（Process/Sequence）	关系（Relationships）

图2-4[1]

9. 关系（Relationships）：分析元素关系，常见于涉及关系的书籍，如对比两种理论的区别或优劣。

了解了这些结构，你就可以在拿到一本书或一篇文章的时候，大致判断一下它使用了其中哪一种或哪几种，然后再结合实际情况，重点阅读对你有价值的模块和内容。

这里不妨做个小测试，《笔记的方法》这本书的结构更符合上述九种结构中的哪一种或哪几种？

值得注意的是，理解主干并不要求你为一本书或一篇文章绘

---

1. Francis Miller, Organising Knowledge with Multi-level Content, https://www.francismiller.com/organising_knowledge_paper.pdf, June, 2023.

制精美的脑图，那样就本末倒置了。我们理解主干，不是为了把每一个细小的分支都拿放大镜看清楚，而是有一个概览就好，避免自己一头扎进细节里。

记一部分也无妨

摸清主干之后，你就可以一边阅读，一边挑选值得记录的内容了。

至于如何挑选，具体方法其实你已经掌握——正是前文提及的几条建议，比如，记录有启发的内容、记录反直觉的信息等。是的，此前的建议不仅适用于记录碎片时间里的想法，在你集中学习的时候，也同样适用。

举个例子。我在读斯蒂芬·金（Stephen King）的《写作这回事》[1]这本书时，看到许多"非常有道理的观点"，但对当时的我来说，"慎用副词"这个观点[2]最有启发，所以我便精炼记录如下，也在本书的写作中努力践行。

> 2023/01/19
>
> **写作时慎用副词**
>
> 慎用"忧伤地""紧张地"等副词，因为用副词多是由于原本的文字无法呈现真实的状态或气氛，所以作者只能用副词再次强调。
>
> 如果想写出真实的状态或气氛，作者最好直接表达。副词所表达的意思应该由读者自然感受，而非由作者强加于人。
>
> https://www.douban.com/group/topic/2226080/?_i=40881579ptAAhb,4752579ktxgnpg
>
> ——少楠

---

1. 〔美〕斯蒂芬·金：《写作这回事》，张坤译，人民文学出版社2019年版。
2. 书中部分原文："我相信通往地狱的路是副词铺就的，我要站在房顶，大声疾呼这个观点。"

英国作家阿兰·德波顿（Alain de Botton）说过一句话，很好地阐释了阅读或学习的真义。他说："对作者而言，书也许可说是'结论'，对读者而言，书则是'激发'……我们应该为了领会自己的感受去读他人的书，我们应该延展的是我们自己的思想，尽管也许是某位作家的思想帮助我们达到了这一目的。"[1]

所以，无论是读一本书，还是听一场培训，你都不必追求完整记录这种形式，也不必完美复述作者的结论，没有人会考你。退一步讲，现在大多数内容都能很方便地检索及保存，因此专注记录对自己最有价值的内容就好，记一部分也无妨。

反复删减，减少冗余

记录了最有价值的内容之后，你还要注意反复删减，减少记录时产生的冗余。

比如，下面第一条是我记录的关于席克定律[2]的笔记，虽然我已经理解了主干，挑选了对自己有价值的部分，但仔细看就会发现，这条笔记里还是有一些啰唆的字词、学术化的解释、不必要的背景信息等。而第二条是删减冗余后的记录，很明显精炼了不少。

---

1. ［英］阿兰·德波顿：《拥抱逝水年华》，余斌译，上海译文出版社2020年版。
2. 又称"席克—海曼定律"，可简单理解为：人面临的选择越多，所要消耗的时间成本越高。

2021/06/13

席克定律预测，随着选择的数量和复杂性增加，做出决定所需的时间也会增加。1952年，心理学家威廉·埃蒙德·希克和雷·海曼在研究了"当前刺激数量"与"个体对任何给定刺激的反应时间"之间的关系后，提出了这个结论。

人类大脑与计算机处理器类似，处理信息的能力有限。因此，当输入信息量超过处理能力时，我们就会产生认知负荷。这会导致我们的工作表现受影响，比如忽略关键细节，甚至因此感到沮丧。

一些启发：

- 太多的选择会增加用户的认知负荷。
- 做产品设计要将冗长或复杂的流程拆分成一个个选项较少的步骤，以减少新用户的认知负荷。

https://alistapart.com/article/psychology-of-design/

—— 少楠

2021/06/13

席克定律指，选择数量影响决策时间，选项越多，决策时间越长。其背后的逻辑是，大脑带宽有限，一旦被过多选择占满，会导致人的工作效率下降。如何避免？

- 避免选择过多，增加认知负荷。
- 将复杂选项减少为多个简单的步骤。
- 将复杂隐藏，根据程度逐渐披露。

https://alistapart.com/article/psychology-of-design/

—— 少楠

我具体是怎么删减的呢？起点在于，我重新思考了记这条笔记的目的——是知道其诞生背景用来对其他人做科普？还是让自己在设计产品时做出更好的决策？显然后者才是正解。于是我删掉了背景信息和比喻，仅保留基础定义和解决方案。

不要担心这样是在浪费时间。因为反复删除、减少冗余的过程，并非简单的文字游戏，而是促进理解的手段——它既需要我们积累大量的背景信息，也需要我们思考记录的目的，还需要我们识别出无效内容，一字一句去粗取精——每一步都会帮助我们消化、理解笔记，而只有理解之后，把笔记用起来才更容易。

反复整理，避免臃肿

随着你的阅读量越来越大，经历越来越丰富，笔记也会越来越多。到了这个阶段，除了关注单条笔记内容是否精炼，你还要关注笔记和笔记之间的关系是否有序。

具体来说，你可以通过以下三种方式，反复整理笔记，让你的笔记更精炼、更有序：

第一，对于重复的信息，做剔除和精简。你从不同渠道获得的很多观点，可能只是同一核心内容的不同表述方式。这时你要大胆剔除重复信息，让笔记保持精简。比如我曾经在不同场合看过硅谷投资人纳瓦尔（Naval Ravikant）的访谈，后续读《纳瓦尔宝典》[1]一书时，我就把之前许多重复的笔记删除，或将其和新的读书笔记合并在一起。

第二，对于同类的信息，做归纳总结。你过去记录的不同笔记，可能属于同一大类下的不同细分领域。等有了更高维度的视角时，你就可以把它们的共同类别提炼出来，然后绘制出一个层级结构。比如我之前学习哲学，记的笔记七零八落，看过《用得

1.〔美〕埃里克·乔根森：《纳瓦尔宝典》，赵灿译，中信出版社 2022 年版。

上的哲学》[1]一书之后，我开始对哲学的发展和各个流派有了更清晰的认识，于是基于新的认识，把之前散落的笔记归纳到了一起。

第三，对于有因果关系的信息，辨析哪些是本质，哪些是现象。比如如何解决手机成瘾问题，有人跟你说可以用A办法，还有人跟你说可以用B办法，你分别记了笔记。后来你发现，其实做了A可以导致B，A是更偏本质的信息，B是更偏现象的信息，它们之间有因果关系。这时候你就可以把两条笔记合二为一，并记录它们之间的关系。

小结

精炼过的笔记是最有价值的内容，因为它们更容易在我们遇到问题时被调用。另外，精炼即取舍，这个过程也会不断逼迫我们去思考，积累知识的目的究竟是什么。

为了更好地精炼你的笔记，我们的建议是：不要着急进入细节，而要先理解主干，再从中选择要点；不要贪心，记一部分也无妨——如果是重要的知识，将来你还会在其他地方遇到，而不重要的知识被记录下来，反而徒增压力；不断删减冗余、整理关系，让你的笔记处于活跃、有序状态，随时准备好为你所用。

最后还有一个小提醒：精炼笔记有个基本前提，那就是自己回看时能读懂。换句话说，精炼笔记不是目的，为你所用才是目的。因此，不要为了精炼而精炼，切勿舍本逐末。

---

1. 徐英瑾：《用得上的哲学》，上海三联书店2021年版。

用标签为笔记分类

为什么要用标签为笔记分类

前文介绍了第一种对信息进行预处理的方法,即"用自己的话记笔记"。接下来,我要为你介绍第二种预处理方法,叫作"用标签为笔记分类",也就是为你的笔记打标签。

先来介绍一下什么是打标签。很多笔记工具,包括许多手机自带的"备忘录",都有"标签"功能,一般采用"#+关键词"的形式。假设你想给一条笔记打"工作方法"标签,那么只需在"工作方法"前加一个"#",然后把"#工作方法"插入到笔记的任意位置,这个标签就打好了。

用标签分类的好处

这样打标签有什么好处呢?好处在于可以帮你降低大脑的记忆负担,提升提取笔记的效率。具体来说,主要体现在以下两个方面。

第一,打标签可以帮你做好归类,在你需要的时候,快速提

取某一分类下的所有笔记。

假设你是一位内容从业者，平时会记录关于选题的细碎想法，并为这些笔记打上"#选题思路"这一标签，那么等你做选题没思路的时候，就可以点击这个标签，一键调取之前记过的所有相关笔记；假设你是一位健身教练，平时会记录和营养餐相关的知识，并为这些笔记打上"#营养餐搭配"的标签，那么当学员向你咨询"锻炼后吃什么"的时候，你就可以点击这个标签，调取笔记为他们支招。

不要小看这个方法，如果你在某一标签下有足够多高质量的笔记积累，那么它很可能会在关键时刻帮你一把。

举个我自己的例子。2021年，我收到杭州某大厂邀请，希望我给他们的员工做一场以"交易平台"为主题的培训（"交易平台"指买卖双方之间的第三方平台，大家熟悉的淘宝、京东都在此列）。他们之所以找到我，是因为自2017年起，我就开始负责一个医疗"交易平台"的经营，几年来积累了一些实战经验。

由于"交易平台"这个话题涉及方方面面的知识，从建立到经营，从增长到治理……纷繁复杂，因此要在短时间内准备一场面向资深从业者的培训，并不是一件容易的事。幸亏我此前记了上百条带有"#交易平台"标签的笔记。在这些笔记的帮助下，我只花了四个晚上就准备好了全部的培训内容。

无论你从事什么职业，深耕哪个领域，对哪些事物感兴趣，都可以通过打标签，把同一类型的笔记归拢到一起。未来某天，一旦遇到相关问题，你不必绞尽脑汁、苦思冥想，只需轻轻一点，就可以把此前的灵感碎片、思考结晶、关键技巧、精彩素材统统提取出来，为你所用。

第二，打标签可以帮你实现网状分类，而不仅仅是层级分类，从而提高提取笔记的效率。

或许你会说，用文件夹（或笔记簿）分类不也可以快速定位吗？干吗非得打标签呢？

的确，如果只是简单分类，两者看起来差别不大。但如果更进一步来看，你会发现它们其实有天壤之别。

"文件夹"所代表的分类格式，是指一个单位的知识被保存到一定的文件路径中，也就是被放在一个文件夹或笔记簿里，每条笔记一般只存储在一个嵌套的层次结构里。

但在为笔记分类的时候，你会很快发现，一条笔记可能和你考虑的三个问题有关，这会导致你在使用文件夹时陷入困境——如果只是把这条笔记放在一个文件夹里，那么它就无法和其他内容产生联结，继而丧失了上下文，被孤零零地丢在某个角落，难以被记起；而如果把这条笔记同时放在三个文件夹里，那么你以后对它进行任何修改，都需要面临三倍的工作量。

因此，如果面向未来去看，我们更推荐你使用标签进行分类。原因很简单，当一条笔记与你关注的多个问题相关时，你可以在这条笔记上添加多个标签，而不需要把它复制很多份。这样的好处在于，你可以不受文件夹层次结构的限制，从多个角度查看过往的笔记。

比如我有一条笔记记录了《百胜营销法》[1]中的 R.E.D. 原则[2]。

---

1. 〔美〕格雷格·克里德等：《百胜营销法》，于楠译，中信出版社 2022 年版。
2. 百胜餐饮集团的营销法则，其中 R（relevance）代表相关性，连接产品与用户；E（ease）代表便利性，让用户能够轻松捕捉产品信息、获取产品；D（distinctiveness）代表独特性，帮助企业构建护城河。

我先是把它放在了"#百胜营销法"标签下；又因为这个知识点能指导我做营销工作，我同时把它放在了"#营销"标签下，方便我在遇到营销问题时找到它——这就大大提高了提取效率。

读到这里你可能会有一个疑问，用标签分类是不是就丧失了文件夹分类的优势，无法呈现知识的层次结构？

别担心，如今越来越多的笔记工具都在支持多级标签功能，比如在flomo中，你可以用"#标签/子标签/孙标签"的格式创建标签，像是"#Area/营销"这个标签，就相当于传统标签系统中的"#Area"和"#营销"两个标签。不仅如此，这样打标签还能让你的笔记在标签列表中体现出层次结构。

除了结构差异，两者还有一个使用上的差异。文件夹往往要求先分类后记录，而大多数时候，我们遇到的各种值得记录的事情并非都在某个固定分类下，如果要保持分类清晰，就需要不断切换文件夹，非常麻烦。而用标签就会轻松一些，遇到值得记录的事情，你可以先记下来，然后再慢慢打标签。甚至如前文所言，你可以为一条笔记打多个标签，这样既能让值得记录的东西不轻易溜走，又能让你更轻松地完成分类，慢慢建立网状结构。

没有标准答案，不必束手束脚

在打标签或者叫给笔记分类之前，很多人都非常困扰，因为不知道要怎么分——是按属性分类，如"读书笔记""会议纪要"，还是按内容分类，如"管理""写作"，还是按问题分类，如"团队如何激励""如何做好小红书"？太混乱了，许多人往往止步于此。

那该怎么办呢？让我们回到原点，尝试解答一个基本问题：分类的目的是什么？答案很简单，分类是为了让"自己"更容易找到信息，而不是别人。换句话说，对于别人来说有用的分类方式，可能对我们自己并不适用。

这让我想起了一个有关家父工具箱的故事。我父亲在改革开放初期下海开起了出租车，当时修汽车的地方不多，所以他总会在车上放一个红色的铁皮工具箱，车子有些小毛病，他就自己修理了。在我看来，这个工具箱乱得一塌糊涂，里面有各种尺寸的扳手和螺丝刀，还有各种尺寸的钉子和螺丝帽——反正每次我想从里面找个什么东西修修自行车或者拆拆电脑，都得扒拉半天。但奇怪的是，父亲每次修车，总是随手翻几下，就能找到想要的东西。后来我才知道，父亲的工具箱并不"乱"，只是我没看懂而已。

在我的印象里，所谓分类就应该整整齐齐，扳手应该和扳手放在一起，螺丝刀应该和螺丝刀放在一起——就像商店的货架那样整齐清爽。但父亲的分类方式则更实用——他会把那些经常用到的工具放在上面，比如某个尺寸的固定扳手、十字螺丝刀等，而把另外一些偶尔用到的工具，诸如化油器扳手，放在最底下。

其实，我们给笔记打标签何尝不该如此？这件事不需要按照某种客观标准执行，而应该以我们自己的需求为导向。

在写这本书的过程中我们得知，得到的很多老师在给笔记打标签时，也是这么做的。比如，罗振宇老师有两个很独特的小标签，"#段子"和"#演讲金句"。所谓段子，就是谈资，聊天的时候能用上，所以大家和他聊天时总是笑声不断，很轻松。而金句更好理解，每年"时间的朋友"跨年演讲总会展示金句，其中许多都来自他日常的积累。除此之外，他还有一个"#育儿"标签，这个标签下的笔记不是育儿方法、育儿道理，而是可以讲给孩子们的事情——这是他有孩子之后才新建立的标签。

无独有偶，我们平常也能碰到许多用户分享有启发的分类方式。这些分类在外人看来或许匪夷所思，但都非常符合他们自己的应用场景——你能通过下面这些标签猜到他们的职业或兴趣吗？

2023/07/07

flomo 使用规范：

在言简意赅的基础上——

- 一个具体的、正在疑惑的问题用#疑惑，日后回答用#解答
- 有来由的用#思考，拍脑袋的用#想法
- 没了解过但想去看一下的事物用#好奇，日后要来#填坑
- 一些自己的念念叨叨用#念念叨叨
- 见到的一些好东西用#见，最好辅以出处
- 有道理的信息#有道理
- 忍俊不禁的事情#哈哈哈
- 学习到的英文#英语
- 好玩的东西#好玩
- 奇怪的知识#奇怪的知识，不奇怪的知识#知识
- 对自己的认识和研究#自我分析

一旦形成相对系统或重要的知识模块，将其加入 Notion 或 blog。

—— 超级 Rui

> #对内探索：
>
> #胆怯，#低落，#烦躁，#愤怒，#复盘，#焦虑，#开心，#迷茫，#冥想，#能量/体力，#扰动，#思维陷阱，#逃避，#信息焦虑，#厌烦，#疑问，#正向能量，#注意力，#自我价值
>
> —— ScarletJ

> #打工沉思，#电影摘抄，#读书笔记，#广林随记，#广林有感，#名词概念，#一个技巧，#一个角度，#一个瞬间
>
> —— 言广林

> #读书笔记，#人生经验，#法律实务，#法学方法论，#劳动法，#律师法，#民法典，#民事诉讼
>
> —— 祺亲王

接下来，我会详细介绍两个以自身需求为导向的标签分类案例，一方面希望帮你理解分类的多样性，让你不再感到束手束脚，另一方面也希望帮你理解有效分类的共性，在为自己的笔记创建分类的时候少走弯路。

那么，让我们开始吧。

案例一：
以精进领域为导向的 I.A.P.R 法

前文提到打标签没有标准答案，要根据自己的需求去做。接下来我分享一个自己的案例，聊聊我对打标签这件事的探索，以及我现在是如何用标签对笔记分类的。

正式分享前，稍微补充一下我的背景，方便你更好地理解我的笔记分类案例。

我大学学的专业是动画设计，毕业后一直在互联网行业工作。从 2008 年毕业到 2021 年再次创业期间，有过两段雇员经历，主要做产品设计，后来转型为产品经理；另外还有过一段创业经历，在 2014 年移动互联网热潮之中，我做过一个美食社区"食色"，只不过和大多数没找到商业模式的产品一样，"食色"于 2016 年年底关闭。从 2021 年开始我再次创业，做的是至今仍在进行中的 flomo 这款笔记工具。

从上述经历你或许已经看出来了，或主动或被动，我在许多领域浸泡过，解决的问题非常广杂，涉猎的知识也各种各样。比如2011年正式进入互联网公司时，我会记录各种不同类型的笔记：有近期要用的招聘面试笔记，也有宽泛的自我认知笔记；有感兴趣的经济学笔记，也有老本行视觉设计笔记；除此之外，更有别人推荐但自己一知半解，不确定要不要深入学习的金融知识笔记……

这么多内容，分起类来自然很头痛。从文件夹到标签，什么方法我都用过。下图是一张我当时的"知识地图"，你能看到许多不同的分类，比如"视觉设计""故事思维""数据结构""组织管理""公司运营""元认知"，等等。

这些分类乍一看似乎没问题，但使用体验并不好，为何这么说呢？因为这些分类的依据是我从外界"搬运"的，并不是我的内部视角。

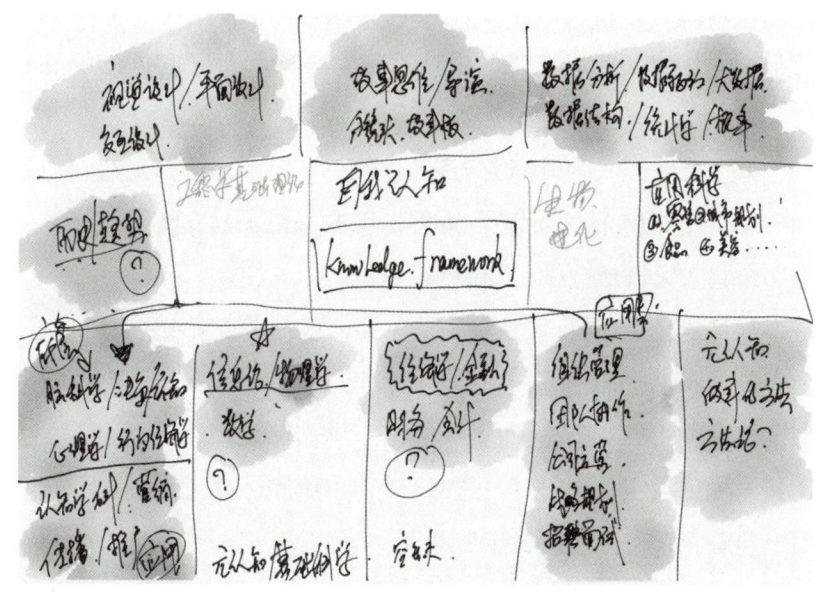

图2-5

比如当时我想学点经济学入门知识，于是照着某本教科书的目录囫囵吞枣创建了许多分类，然后把每一条读书笔记都放在其中。这一切看似很美好，但某次想找资料时，我却发现这些分类非常陌生，不得已只能从头一点一点地翻看。而脱离那本教科书后，再记录经济学相关的笔记时，我也很难判断该将它们放在哪个分类下。

为了解决这个问题，我没有引入更多"客观、科学、严谨"的外部分类，而是在知名效率专家蒂亚戈·福特多篇文章的启发下（详见后文"建议一：结合需求，先借鉴再改造"），将分类的视角从外部转为内部，并且在他的分类思路的基础上，逐渐摸索出了符合自身需求的 I.A.P.R 标签分类法。

I.A.P.R是什么

先来问个问题：当你看完一本关于品牌营销的书，做了一些笔记后，你会如何为这些笔记打标签？是打上"#商业"的标签，还是打上"#品牌营销"的标签？

如果是我，我大概率会为它们打上"#领域"这个标签，然后加一个"#营销"的子标签。如果你用的笔记工具支持多级标签，那么合起来大概是这样："#领域/营销"。

你可能会有疑问："领域"是什么意思？除了领域还有什么？

其实对我来说，所有的笔记都会被放在"#收件箱""#领域""#项目""#兴趣"这四大标签之下（实际使用时习惯用英文，比如 #Inbox、#Area 等）。这四个标签的简称，便是 I.A.P.R。我们一起看看它们分别代表什么意思：

I：I 是 Inbox 的缩写，意思是"收件箱"。收件箱用来存放所有临时性的、还未消化的内容。它可以让我在记录时不必纠结把笔记放在哪个更具体的标签下，但需要定期整理。

别小看这个收件箱，它其实相当于计算机系统里的"缓存"。有了它，我就能快速捕捉各种灵感，不用担心找不准分类，或者没时间分类的问题，减少记录压力；等到有空时，我可以再对记录的内容进行分类。

许多人觉得为笔记分类会打断记录时的思路，大多都是因为缺少这样一个收件箱当缓存。所以我把收件箱放在第一位，把它作为大多数笔记的第一站。

A：A是Area的缩写，也就是前面说的"领域"。领域用来标记那些做了对别人有帮助，做砸了自己要承担责任的事情。比如对我来说，我的笔记里会有这些领域：

- 健康；
- 产品；
- 生成式人工智能；
- 营销；
- 知识管理；
- ……

我在产品、知识管理等领域持续记笔记，都是为了让flomo更好用，且帮助到更多人。而一旦我在这些领域有所懈怠，那么flomo很可能会面临产品落后、无人知晓的风险。

P：P是Project的缩写，意思是"项目"。项目用来标记那些有明确起止时间和目标的事情。比如对我来说，我笔记里的项目有：

- flomo 的某个功能设计，如"每日回顾"功能的升级；
- flomo 的某个市场活动，如周年庆联合活动；
- 《笔记的方法》这本书的写作；
- ……

这些项目都是每天在发生的事情。我在这类笔记里主要记录对项目的思考、决策，以及对应的结果。

R：R 是 Resource 的缩写，本意是"资源"，我用它来标记那些自己持续感兴趣，但对别人没影响，别人也不在乎的内容，比如游戏设计、写作技巧、计算机历史、政治经济学等。这些内容既是我的兴趣所在，也是可能会转化为"领域"的宝贵资源。由于"资源"一词比较抽象，为方便理解，后文中的 R 都用"兴趣"一词代指。

这样区分有什么好处？相较于前文那种看似客观的标签，这种分类的出发点不是外部视角，而是内部视角。也就是说，我的标签不再按"别人"的标准去打，而是以我的视角和需求为主——"我的"领域、"我的"项目、"我的"兴趣、"我的"收件箱。这样打标签，打起来更顺手，用起来更方便。

此外，四大标签还具备天然的优先级关系。比如"#领域"标签下记的是每周、每月、每年不断精进的事情，也是长期来看很重要的事情，属于第一优先级；"#项目"标签下记的是每天都会变化的事情，也是近期比较重要的事情，属于第二优先级；"#兴趣"标签下记的是我自己感兴趣，没有固定期限的事情，属于第三优先级；而"#收件箱"里存放的是临时笔记，这些笔记需要被定期转移到其他三个标签下。

带着这种内部视角回看前文读书笔记的例子，你就理解我为什么会给它打上"#领域/营销"这个标签了——因为对于当下的我来说，"营销"是一个需要不断钻研的领域，只有知道如何做营销，才能让更多人知道并用上我们的产品。

这样打过标签之后，每当遇到产品营销问题，我就可以自然而然地通过"#领域/营销"这个标签提取相关笔记为我所用。

四大标签相辅相成、结构稳定

在I.A.P.R标签分类法中，四大标签并不是相互独立的，而是相辅相成、互相促进的。

具体来说，我关注的"领域"要通过一个又一个"项目"不断精进；我在"项目"里遇到的问题，可能会在"领域"或"兴趣"中找到答案；"兴趣"随着时间的投入有可能转化为"领域"（有些"领域"也会随着时空变化而过时，或转化为某种"兴趣"），而"收件箱"里的笔记则可能会被打上"领域""兴趣""项目"三个标签中的任意一个。

举个简单的例子。对我来说，保持身体健康是一个"领域"，因为身体坏了我要负责，不仅会影响家庭收入，还会耽搁工作。而周末去游泳池游十圈，就是一个"项目"。我通过一个又一个项目来完成健康领域的精进。

你看，"领域"和"项目"的关系在于：项目执行需要大量来自"领域"的知识做支撑，比如要想保持健康，我不能只游泳，那么这时候我就需要去"健康"这一领域标签下寻找"如何保持健康"的知识，例如饮食相关的知识，然后将其转化为日常执行的"项目"——比如为了降低尿酸,"两周内不吃海鲜";而许多通过"项目"总结、沉淀出来的实战经验,又可以归纳到"领域"里,以备将来取用。

简单来说,只有"领域"没有"项目",相当于纸上谈兵,谈不上任何精进;而只有"项目"没有"领域",则像是盲人摸象,会让我们做事不得要领。

那"兴趣"和"领域"的关系呢?其实差异就在"责任"上。比如我很喜欢玩单机电脑游戏,业余时间记录了许多游戏设计、攻略、玩法等"兴趣"类笔记,有时候还会写相关文章。但由于我的工作和游戏无关,这些"兴趣"就算很长时间没有新知产生,对我影响也不大,我不需要为此负责。而如果我在用来吃饭的产品设计领域停止精进,我设计的产品可能就会被淘汰,我需要为此负责。

当然,理想状态是"兴趣"和"领域"差得不太远,比如如果有些"游戏设计"的思路能被借鉴到"产品设计"中来,那么我们就可以说"兴趣"支撑了"领域"。而假如有一天我开始设计游戏产品,那么此前对于游戏设计的"兴趣"就转变成了一个重要的"领域"。

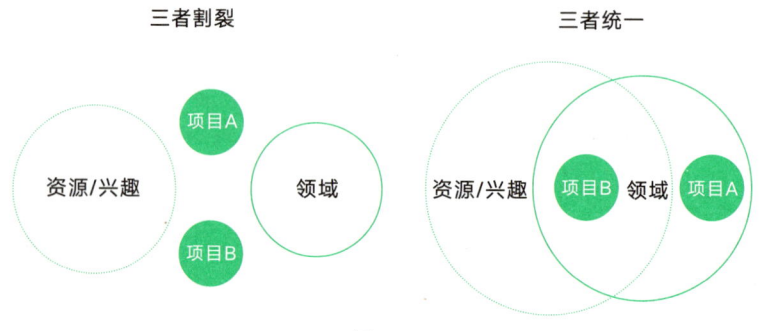

图2-6

除了相辅相成，按照 I.A.P.R 法打标签的好处还在于，四大标签的结构相对稳定——无论什么时候，你都会有当下需要精进的领域，也会有一个又一个项目，还会有兴趣，以及各种临时性的笔记。但四大标签不会随着时间产生太大的变化。

比如对于我来说，这些年来，我对"交互设计"领域的关注在减少，对"思维工具设计"领域的投入在增多。我做过一个又一个项目，兴趣也有所变化。但从大的标签分类上来说，I.A.P.R 法的底层结构依然没变，变化的只是大标签之下的子标签而已。

以精进领域为导向

了解了 I.A.P.R 法究竟是什么，以及四大标签之间的关系，我还想跟你分享一下，这套方法对我来说最重要的意义是什么。对我来说，I.A.P.R 法是一套以"精进领域"为导向的标签分类体系。换句话说，借助这套方法，我得以思考和明确自己的领域究竟是什么，让精进的方向变得清晰。

2011 年左右，我试图在很多领域同时精进，比如既想学写代码、又想继续研究动画制作，样样努力但却样样稀松。到了 2016 年我才意识到，自己太"贪心"了，把许多"兴趣"都划归到了"领域"里。比如动画制作，其实工作以后，我就没有再依靠"做动画"赚取过收入，也没有和他人协作尝试过什么项目，只不过是隐约有个"动画梦"想要完成。从这个角度来说，动画制作并不应该被当作一个"领域"，而应该被当作一个"兴趣"。

这也是许多人感觉自己很努力，但是生活和工作没有变化的一个原因——没有分清楚自己的"领域"是什么，"兴趣"是什么，从而错配了时间和精力。

所以当时我做了一个重要的决定：减少对写代码、做动画等事项的投入，将其转化为"兴趣"，有闲暇就玩一玩，没时间就先搁置；将学习重心转移到"服务设计"领域——所谓服务设计，指通过各方面的设计提升用户体验，比如我要经营一家餐厅，那么我不仅要保证食材好，还要兼顾服务、环境等要素。

做出这个决定，一方面是因为我自己痴迷于研究服务设计——相比于产品设计，它涵盖的范围更大，有更多吸引我的新挑战；另一方面也是时代变化的要求。2015年前后，许多产品和服务都从线上App延伸到线下实体，诸如外卖、民宿、各种上门服务等。这意味着线下体验变得重要起来——想象一下，当你等了许久，终于拿到姗姗来迟、已经冷掉的外卖，就算外卖App界面交互再好，你大概也无法抑制抓狂的心情。这些环境变化导致以关注人机交互界面为主的传统产品经理竞争力下降，产品经理只有提升服务设计方面的意识和能力，才能不被时代淘汰。

你看，I.A.P.R法可以帮我区分什么是重要的，什么是不重要的，让我知道该把精力投入到什么地方。而如果不去区分，即便每天忙忙碌碌，我也很可能是在原地踏步。

当然，领域不是选定了就不能变，你大可以随着时间和环境的变化，调整自己的方向。比如早在做flomo之前，我就对个人知识管理、工具背后的思维方式等话题感兴趣，因此记录了大量的笔记。而做flomo之后，我此前的兴趣就变成了需要不断精进的领域，此前积累的相关笔记则变成养料，不断滋养着flomo。

最后，虽说I.A.P.R法可以倒逼我们思考并明确自己的领域，但方法毕竟只是辅助手段，选择什么领域，关键在于你的内心。

或许你会问，我怎么知道自己未来要在什么领域发展？

这里有两个识别标准供你参考，来自"硅谷创业教父"保罗·格雷厄姆（Paul Graham）[1]：

> 1. 你是否对此特别痴迷，即使没有任何回报也想做下去？
> 2. 这件事是否对别人有帮助，而不仅仅是满足你自己？

痴迷，意味着你的能力跟得上，也不需要下很大的决心，就能持续不断地干一件事。只有这样，你才能捕捉到别人关注不到的机会，收获更大的回报。对别人有帮助，则意味着你在为社会创造财富。痴迷电子游戏的人很多，但设计出马里奥的只有宫本茂；痴迷互联网的人很多，但创造出维基百科的只有吉米·威尔士（Jimmy Wales）和拉里·桑格（Larry Sanger）。

所以，选择领域，重要的是诚实地面对自己，而不是带着寻找"标准答案"的心态随大流。领域像是北极星，有了领域之后，我们就知道驶向何方，而不必跟随过往船只的灯光设计自己的航向。

小结

很多人把记笔记当作一件独立存在的事情，但实际上，只记笔记没有意义，它一定要为你的现实生活服务才有意义。打标签

---

1. Paul Graham, The Bus Ticket Theory of Genius, http://paulgraham.com/genius.html, August, 2023.

也是如此，对我来说，I.A.P.R法最大的作用不是让各种笔记各安其位，而是提醒我思考，自己的领域是什么，兴趣是什么，项目是什么，并据此明确究竟该积累哪些方面的知识。

案例二：
以辅助决策为导向的分类方法[1]

作为创业者和投资者，我记笔记的目的非常明确，就是更好地做经营决策和投资决策。

从这个目的倒推，以终为始，我将笔记分为三大类：

1. **内功心法**：高频使用的知识；
2. **招式套路**：低频使用的知识；
3. **实战经验**：实践中的思考和外界反馈。

每一类笔记应用场景都不同，因而记录重点、回顾方式、保存周期等策略也都有所不同。

---

[1]. 案例二的作者为Light，首发于微信公众号"Loudly Thinking"，原标题为《一个创业者的笔记系统》。此处略有修订。为方便阅读和理解，此部分保持第一人称叙述。

内功心法

内功心法，指需要高频使用的知识。主要有两类：

1. 长周期、经久不衰的普世智慧，我在公众号发表的大多数文字都属于此类，如《实事求是》《诚实》《钱，生而不平等》《概念考察》等，我一般也将其称为"常识"；

2. 并非普世智慧，但因工作缘故需要高频用到的专业知识，这部分因人而异，对我而言主要是商业模式的分析和构建，下面是一个例子。

> 2022/05/16
>
> "商业模式"本质是在回应两件事：核心资源与关键业务。
>
> · 核心资源是什么？企业如何获取和使用这些核心资源？
> · 创造价值的过程是什么？企业如何让这个过程更有效率？
>
> `#内功心法/投资/商业分析`
>
> —— Light

内功心法，顾名思义，必须经过长时间修炼，彻底内化。重要的不是在笔记软件中记录了多少内功心法；重要的是，我能够真正练成多少内功，并且可以在实战中自然而然地运用。

因而，这部分笔记我会借助 flomo 的"每日回顾"功能高频重温，也会在每一次重温时结合新的经历用力思考。

下图便是 flomo 的桌面回顾小组件，它又一次教导我：不要追求彻底的秩序，适度混乱亦有好处。

当我确认完成内化之后，我通常会写一篇成体系的文字以作梳理，并删除flomo里的相关笔记。

· 梳理体系文字，是为了进一步梳理内在逻辑、加深理解。我写的每一篇文章，虽也能对读者有些启发，但最大的受益者一定是我自己。

· 删除flomo里的笔记，是为了专注于修炼其他内功。九阳神功既已大成，那就不必对秘籍恋恋不舍，咱继续练乾坤大挪移呗。如此反复，持续修行。

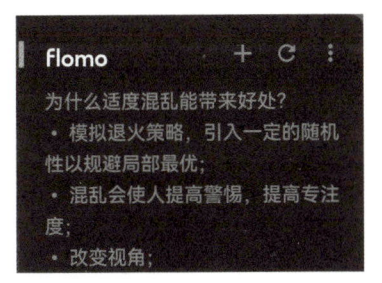

图2-7

对于内功心法，记笔记纯粹是一个过程，目的是将其内化于身，以六经注我。

招式套路

招式套路，指低频使用的知识。因为低频，所以没必要像内功心法一样用力内化，不划算；我将其看作一种外挂，需要时能够装备上即可。因而，对于招式套路，重要的是索引：

· 一是应用场景和知识点的索引，在有需要时能回忆起这个可解决问题的知识点；
· 二是知识点和详细内容的索引，能在回忆起后迅速找到详细内容，以便实操。

故而，记录的重点也是索引：应用场景，要点概括，有必要也会再附上完整内容的链接。下面是一个例子。

> 2021/02/03
>
> **Supervisor[1]使用详解**
>
> https://www.jianshu.com/p/0b9054b33db3
>
> #招式套路/备忘/Tech
>
> —— Light

这部分笔记也会偶尔回顾，但只是为了加强对索引的记忆，并不试图内化，因而一般也不会删除。

招式套路和内功心法的核心区别，只在于使用频率的高低。

- 内功心法，就是高频使用的知识；
- 招式套路，就是低频使用的知识。

这只是一种纯主观的分类，并非知识的固有属性。

- 当我的工作范畴发生变化时，原来的招式套路可能就会变作内功心法。
- 我的招式套路，可能会是另一个人的内功心法。

知识就该主观分类。因为知识本身没有任何价值，只有为我所用才有价值。人是万物的尺度，我亦是所有知识的尺度。

---

1. 用 Python 开发的一套通用的进程管理程序。

实战经验

我们运用知识进行决策的过程，抽象而言包括三步：Input→Process→Output。即输入信息、进行处理、输出决策。俗称IPO。

内功心法和招式套路是Process的根基，虽然非常重要，但还不足以产生好的Output。

- 内功心法和招式套路都是理论。但凡理论，都有适用的场景，也有不适用的场景。理论上，理论和实际是一样的；但实际上，理论和实际总是不一样。空有好的理论还不够，还需要在实战中不断地打磨、验证、调整，也需要在实战中持续地理解其适用范围。
- 如果没有好的Input，Process再厉害也无用。正如计算机领域的黑话"Garbage in, garbage out"，输入的是垃圾，输出的也只能是垃圾。

如果只关注内功心法和招式套路，那一个人最好的结果也不过是变成一个不通世事的学究。学究虽皓首穷经，却缺乏实战，因而也就只能指点江山、激扬文字，恰若长平之赵括、街亭之马谡。

实战经验，正是我记录最多的一种笔记。实战经验又分两类。第一类实战经验，叫情报。比如：

- 做flomo的过程，我会记录典型用户的场景；
- 做小报童的过程，我会记录泛内容行业的特性。

这些情报，都是我未来决策过程中重要的Input。如无这些Input，那决策就是无根之木，甚至都不能叫决策，只能叫瞎猜。

比如下面这条笔记，就是我与朋友聊到"华为的虚拟股分红机制"时，顺手做的一些记录——华为会根据员工的贡献，为其配售一定份额的虚拟股票，员工凭此能够参与公司分红。有了这个情报，在考虑员工的长期回报机制时，我就有了一个重要的参考和学习对象。

> 2023/01/20
>
> #实战经验/情报
>
> **华为的虚拟股分红机制：**
>
> - 员工可买入虚拟股权，有上限，不同员工上限不同。
> - 最近几年，股息率差不多1/7。
> - 离职时，按购买价赎回（有不同说法，待确认）。
>
> —— Light

需要注意的是，不是任何情报都值得记录，我还要预判情报与自己未来决策的相关性。也就是说，我会考虑我关注的"领域"[1]是什么，并据此收集对自己有用的情报，而不是看到什么记什么。

第二类实战经验，叫决策记录，即如实、客观地记录每一次重大决策和结果。

一来，这可作为决策思考的演练，即对此刻IPO过程的描绘。比如，我们是否要写《笔记的方法》这本书，就是一个重大

---

1. 关于"领域"的详细信息，参见前文"案例一：以精进领域为导向的I.A.P.R法"。

决策，必须考虑非常多的因素，如：

- 我们能否驾驭好这个话题？能否真的帮助到读者？
- 写一本书的复杂度，和写一篇文章的复杂度，不可同日而语。我们做好准备了吗？
- 对应的时间成本会是多少？我们是否有足够的空余时间？
- 还有哪些其他工作在推进？值得为写这本书推迟其他工作吗？
- ……

人脑的思考是混沌的、跳跃的、非结构化的，并不适合处理这种复杂决策；将决策过程写下来，会更结构化、更清晰、更全景，也就更能够反复推演，以做出更严谨的决策。

二来，这可作为未来决策复盘的依据，即作为未来的 Input。白纸黑字的记录，不会遗忘，也不容篡改。我能够清晰地看到过去的决策思考过程，比如：

- 不同阶段对 flomo 产品定位的思考；
- 对小报童的破局路线的不断尝试；
- 对所投资股票（公司）的持续认知。

这些决策记录，都是最珍贵的一手资料，帮助我持续优化自己的决策过程。这是一个贝叶斯学习[1]的过程，帮我在实战中不断校正认知。

---

1. 简单来说，指一个人根据新的证据、数据等信息不断迭代认知的学习过程。

- 如果结果是差的,能够知道错在哪里,往后如何改进;
- 如果结果是好的,也能够知道是真的做对了决策、往后如何继续保持;还是决策其实不对,但瞎猫碰上了死耗子、莫要得意(这种情况其实挺多)。

实战经验,务必要客观记录、尽量详实,但只在必要时主动检索,几乎不被动回顾,且永不删除。下面是一个例子。

2021/05/03

#实战经验/决策记录/flomo

flomo的定位和边界:

- 不可能成为Notion。产品架构有约束,市场竞争不允许。
- 核心定位还是卡片盒、收集器。
- 对应的关键体验:
  1. Input

     1.1 收集和记录足够方便,覆盖尽量多的场景。

  2. Output

     2.1 被动

       2.1.1 回顾:持续为用户带来价值感和新鲜感。

     2.2 主动

       2.2.1 基于明确目的寻找:能找到,路径短。

       2.2.2 基于模糊目的探索:连接丰富,可选路径(线索)多。

- 不为:
  - 半衰期短的内容(如to do)。
  - 富文本编辑(如文档)。
  - 需要用户过多投入的连接建立(如双向链接功能)。

—— Light

这便是我的三类笔记——内功心法、招式套路和实战经验。这套笔记系统的核心设计目的是支撑我的经营决策和投资决策。

小结

没有一套知识管理流程能够适宜所有人，切忌削足适履。

本文的最佳使用方式，也绝不是照抄这套笔记系统，而应该是：理解我是如何以终为始设计这套笔记系统，再从你自己的需求、场景和目标出发，设计你的知识管理流程。

好用的分类方法有什么特征

看完前面两个案例,你得到了什么启发?虽然它们都不是大百科式的分类方法,但对我和Light来说却足够好用了。针对这类好用的分类方法,我们总结了两个特征。

特征一:不是机械照搬的,而是相对主观的

无论是我自己以精进领域为目标的I.A.P.R法,还是Light以辅助决策为目标的标签分类法,遵循的更多都是主观的内部视角,而非某些外部标准。

这让我想起以前学画画的日子。那时候我们每个人都有自己的调色盘,但每个人的调色盘都不一样——有的人按照色系分,把同一色系的颜色放在一起;有的人按照使用频次分,把使用频次高的颜色放在一起。其实,我们每个人的笔记都像是画家的调色盘,即使外人看来五花八门、不明就里,但是我们自己应该清

楚，自己是根据什么样的主观视角去分类的。

举个常见的读书笔记的例子。之前我读管理学大师彼得·德鲁克（Peter Drucker）的《成果管理》[1]一书，书里有个问题令我醍醐灌顶：你到底是在解决问题，还是在寻找机会？这个问题给我的启发是，成果的取得要靠挖掘更多机会，而不能仅靠解决眼前的问题。我把这个启发记成了一条笔记。

按照常规做法，这条笔记大概率会被打上"#读书笔记""#德鲁克""#企业管理"等标签。这固然没错，但我的做法是，给它打了一个叫"#好问题"的标签。同一标签下，可能还有一条巴菲特讲"企业护城河是什么"的笔记。

两条看似风马牛不相及的笔记，为何会被打上同一个奇怪的标签？其实这跟我在刻意培养的一个习惯有关。过去，在相当长的产品经理职业生涯中，我都倾向于收集各种解决方案，认为这样可以快速解决遇到的问题。但是创业后我才发现，最难的事情不是找到答案，而是提出好问题。意识到这件事之后，我开始刻意培养一个习惯：收集各种"好问题"。

你看出来了，"#好问题"是一个相对主观的标签，估计没有哪个客观、严谨的分类体系里会有这一类别。但也正是这个标签下的笔记，经常在我思考产品或公司经营问题的时候，为我带来不一样的视角，提供思想上的增援。

比如"你到底是在解决问题，还是在寻找机会"就好几次把我从"不停解决flomo产品功能问题"的执念中拽出来，提醒我跳出来看看还有什么新的机会——例如，相比过度纠结产品功能，

---

1. ［美］彼得·德鲁克：《成果管理》，朱雁斌译，机械工业出版社2006年版。

写一本书解答大家记笔记的普遍困惑，可能是个更好的机会，因为这样做可以让我们接触到更多不同的人，接触到正在读这本书的你。

在我的标签里，"#好问题"属于其中一类，用来标记相对理性的内容。如果是相对感性的内容，我会怎么打标签呢？我们再来看个例子。

在我的flomo里，有一首苏轼的词《望江南》。虽然多年前我就知道"诗酒趁年华"这一句，但某次遇到低谷，偶然看到整首词，我才发现这句话给我带来的观感变了——不再是年轻时的意气风发，而是中年后面对无可挽回的过去，继续向前看的那种豁达，于是把它记在了笔记里。

言归正传，如果请你为这条笔记打标签，你会怎么打？是"#苏轼""#宋词""#诗歌"，还是"#古代""#文学作品""#诗词赏析"？

我为它打的标签很粗暴，叫"#这世界/诗"。

2021/03/31

春未老，风细柳斜斜。试上超然台上望，半壕春水一城花。烟雨暗千家。寒食后，酒醒却咨嗟。休对故人思故国，且将新火试新茶。诗酒趁年华。
——苏轼《望江南》 #这世界/诗

—— 少楠

跟《望江南》在同一标签下的，可能是另外一首现代诗，或者外文诗。这些诗歌都是能让我读完之后，内心得到明显治愈或激励的作品。除了诗歌，"#这世界"标签下还有"摄影""绘画"，这些作品的"功效"和诗歌一样。

你看，"#这世界/诗"也是一个非常主观的标签，和我们在语文课上学到的诗词分类截然不同。但正因为这个标签是我自己创建的，所以我会常常想起它，并且在需要的时候把它用起来，获得情绪上的增援。

比如，每当遇到事业低谷或挫折时，我理性上虽然知道总能熬过去，总有解决办法，但感性上却难以得到安抚。这时候，"#这世界"标签下的笔记，就是我情绪上的"安慰剂"。心情低落的时候，翻翻苏轼的诗词，会让我的情绪得到强有力的增援——我常常想，和苏轼的境遇相比，自己遇上的这点事儿根本不算什么，我为何不能像他一样，吟啸且徐行？

或许在外人看来，无论是"#好问题"，还是"#这世界/诗"，既不"科学"，又"参差不齐"，但对我来说，这些标签却非常有利于提取，因为都是为增援未来的自己而做的准备，目的明确，需求频繁。

当然，这并不是说任何标签都要自己命名一番，我也有不少看上去"常规"的标签。比如有一类叫"#读书"，用来标记我的读书笔记；又比如有一类叫"#读人"，用来标记我欣赏的前辈分享的案例或视角。

对我来说，"#读书""#读人"这种标签主要用来标记一些当前优先级不高，但未来可能用得到的信息。因为它们比较稳定，就算我忘记了某个具体内容，比如某本书中的某个观点，我依旧可以通过"#读书"这个标签找到书名，然后提取想要的信息。

无独有偶，Light也是这么做的。他的标签里有一些看起来不那么常规的命名，像是"#Inbox""#to do""#待内化""#可实践""#三省吾身"；也有一些人物、书名等常规命名，比如"#Who/投资家/巴菲特""#书/微积分的力量"。

总的来说，好用的标签或分类不是机械照搬的，而是相对主观的；这里的主观并不要求你必须标新立异，而是方便你提取和使用就好。毕竟，创建标签不是目的，为你所用才是目的。

特征二：不是一次成型的，而是动态生长的

好用的分类方法的第二个特征是，不是一次成型的，而是动态生长的。为什么这么说？我们看一个例子。

前文提到，2021年，我受杭州某大厂邀请，去做一场以"交易平台"为主题的培训。培训完成后，对方反馈不错，后续还有好几个其他部门邀请我去做了分享。而为了准备培训内容，我只花了四个晚上的时间。

你可能会好奇这是怎么做到的。"交易平台"是一个很大的主题，只凭借一个"#交易平台"标签，就可以把那么复杂的内容组织好吗？其实在我的笔记里，"#交易平台"这个大标签下，还有很多细分主题，比如，"#定价""#供给""#交易""#治理"等。

有了这些细分主题，我的演讲大纲也就有了方向。并且由于每个细分主题下都有充足的理论资料、实战案例，邀请方想重点听哪个方向，我都可以去提取相应主题下的内容，灵活调整培训重点，所以准备起来才会没有压力。

这里值得关注的是，上述看似规整、系统的标签分类，并不是我一次性规划好的，而是随着时间慢慢生长出来的。

具体来说，刚开始接触医疗交易平台的时

> 交易平台
>
> #定价
>
> #供给
>
> #交易
>
> #治理
>
> #资料

图2-8

候，我首先关注的是，怎么能促成这个平台上的"交易"发生，从而产生社会价值，继而产生经济价值。所以我最先创建的是"#交易"这个标签，记录的也多是与交易相关的笔记。

没过多久我发现，要促成医疗类交易的发生，既不能靠发优惠券，也不能靠买一赠一，因为医疗平台上的"交易"很特殊，双方交易的并不是我们通常理解的衣服、食品等实物，而是来自医务工作者的咨询建议。

这也意味着，我需要进一步去理解"买卖双方"是怎么想的，大家在平台上交易的"价值单元"是什么，以及通过什么样的"过滤器"进行匹配。就这样，随着理解的逐步深入，"#交易"下面的子标签自上而下生长了出来。

除了自上而下的生长，还有自下而上的生长。

比如，随着时间推移，平台上交易双方的数量逐渐变多，"治理"问题出现了，有的医生服务质量不好，也有用户对医生服务进行恶意评价。

刚开始，我的笔记里只有一个叫作"#规则"的标签，主要记录各种违规情况的惩罚方案。后来随着业务深入，加上看的资料越来越多，我意识到光靠制定规则来惩罚不行，因为时间长了会造成各种抱怨，且平台上的参与者也不知道自己该往什么方向发展。

除了惩罚之外，还得树立榜样，所以我在笔记里创建了"#模范"这个标签，定期记录优秀案例并提供给平台参与者，让大家知道平台鼓励什么行为。再往后，我发现还可以利用补贴等市场手段来进行补充，于是又创建了"#市场"标签，开始记录如何通过补贴手段促进成交等内容。

最终，"#规则""#模范""#市场"这些标签都被我放在了一个叫"#治理"的大标签下。你看,随着我对业务的理解不断深入,"#治理"分类就这样自下而上地生长了出来。

实际上,"交易平台"案例只是一个缩影,我和Light的整个笔记标签分类体系,都是像这样一点一点生长出来的。

小结

读到这里你可能觉得有点反常识。的确,过去提到标签或分类,我们总觉得应该借鉴某种客观的分类体系,然后把笔记都分门别类地放进去。就像在盖图书馆之前,我们就应该知道分成多少区域,在盖医院之前,我们就应该知道分成多少科室一样。

但前面的案例告诉我们:

第一,不要机械照搬外部的分类,因为这并不符合你自己的提取习惯——就像大多数人不会根据图书馆的分类方式来整理自己的书架。所以大胆一些,根据你的主观需求为笔记打标签就好。

第二,不必试图一次性规划好标签分类体系,而要允许它自然生长出来。刚开始打标签的时候,或许你会觉得有点乱。但是别担心,你的标签体系会随着认知加深而逐渐生长出来。

换个角度看,在对某一事物还不够了解时,我们如何能对其进行细致的分类呢?这就像小朋友去水族馆玩,看到所有水里游的生物都会叫"鱼",而不会理解有些"鱼"其实是哺乳动物。好消息是,只要你自己不停止成长,你的标签体系就会慢慢浮现出来。

接下来我会分享一些建议,帮助你更好地为笔记分类。

建议一：
结合需求，先借鉴再改造

看过了用标签做分类的实战案例，以及好用的分类方法的特征，或许你会问：我该怎么开始给自己的笔记分类？如果由着自己的想法来分，感觉还是很混乱，怎么办？

如果有这个困扰，大概率是因为你缺少一个大的分类框架作为参考。别着急，虽说好用的标签都很主观，但面对分类框架这个比较抽象的问题，我们大多数人没必要从零创造，而是可以从借鉴开始——一如大家眼中的许多原创作品，身上其实都有其他作品的影子，比如苹果的产品设计有博朗电器经典产品的身影；而印象派代表凡·高的作品也有不少浮世绘的身影。

所以，如果你想搭建自己的分类框架，第一条建议很简单，就是"结合需求，先借鉴再改造"。

前文分享的两个案例，不管是我的I.A.P.R法，还是Light的分类方法，提供的都是大的分类框架。接下来，我会分享一下，我是如何借鉴知名效率专家蒂亚戈·福特的 P.A.R.A 法[1]，将其改造为 I.A.P.R 法的。

P.A.R.A 是项目（Project）、领域（Area）、资源（Resource）、归档（Archive）的简称。关于这套方法，你只需大致了解这四个大的分类，剩下的各种分类，都隶属于这四大分类。

正式分享前我还有个小提醒，P.A.R.A 法只是一个例子，你大可以把它替换成自己想借鉴的其他方法——比如前文 Light 分享的方法等。我分享这个案例主要是希望大家大致知晓，借鉴其他方法时可能会遇到哪些问题，有哪些注意事项。

借鉴时，重要的是理解背后的逻辑

所有绘画大师刚学习绘画时，都是从临摹开始；同样，我们学习如何用标签分类，也可以从临摹、借鉴开始。

但如何选择借鉴对象，是需要我们重点思考的问题——重要的不是去找名气最大或者使用人数最多的方法，而是结合自己的需求去选择。

如前文所说，我正在使用的 I.A.P.R 这套方法脱胎于蒂亚戈·福特的 P.A.R.A 法。其实在此之前，我还尝试过许多不同类型的分类方法，但结果并不太好，因为它们或是科研工作者的总结，更适合做科研的时候使用；或是聚焦于组织内的知识流动，更适

---

1. Tiago Forte, The PARA Method: The Simple System for Organizing Your Digital Life in Seconds, https://fortelabs.com/blog/para/, February, 2023. WorkFlowy, PARA Method, https://workflowy.com/systems/para-method/, April, 2023. Building a second brain (BASB), https://www.buildingasecondbrain.com/para April, 2023.

合多人协作时使用，并不符合我的日常使用需求。

对我来说，大多数笔记都是记给自己看的，我希望能在未来用到它们，所以不会考虑多人协作；又因为我日常涉猎较广，所以不希望有过于复杂的分类系统，以免日后难以管理。

多次尝试之后，我发现了蒂亚戈·福特的P.A.R.A法，它恰好符合我的需求——聚焦于个人知识管理，而非组织协作；不是按图书馆分类等逻辑去分块，而是从内部视角出发，把笔记分为个人的领域、兴趣、项目、归档四大部分——这足以涵盖我记过的大多数笔记，因此让我眼前一亮。

在准备借鉴的过程中，它又引发了我新一轮的思考：为何作者会从领域和兴趣的角度区分笔记？在我的笔记里，哪些算是领域？哪些算是兴趣？比如我既是产品经理，又很喜欢研究产品，那么一些对新产品的观察和思考，应该放在哪个分类下？不瞒你说，如果照着抄一遍这套方法，我只需一个下午就能把过往笔记的标签"改头换面"，但上述问题却让我思考了许久——因为如果只知其然，而不知其所以然，那就不是借鉴，而是"复制"了。

所以我试着去理解P.A.R.A这套分类方法背后的逻辑——一方面，我们每个人大概率都需要拥有某个领域的知识，然后通过使用这些知识换取财富，这就意味着领域类知识不但重要，而且存取频繁；另一方面，每个人还会有许多兴趣，但这些兴趣未必能直接转化为财富，所以存取频率通常就没那么高。

更重要的是，"领域"和"兴趣"这种分类视角，能让我们对到底该记什么笔记进行思考：是花更多精力记录自己赖以生存的领域类知识？还是兴趣类知识？两者之间如何平衡？

理解了分类背后的逻辑之后，我有了两方面的变化：

一方面，我更清晰地知道该如何给自己的笔记打标签。比如对于工作中用得上的笔记，我会打上"#领域"标签；对于一些纯粹兴趣向的笔记，我会打上"#兴趣"标签；对于正在进行的工作项目记录，我会打上"#项目"标签。

另一方面，我对于应该学习和记录哪些内容，有了不一样的思考。比如，我虽然很热爱动画，但自从毕业以来都是靠产品经理的相关知识谋生，并且在可预见的未来也不太可能成为动画导演，那么关于产品经理这个领域的知识获取，我就应该投入更多精力；而动画相关的知识则要退而求其次，等我有空闲的时候再去学习。

你看，如果没有深挖分类方法背后的逻辑，只是照猫画虎，短期看来我能和蒂亚戈·福特做得一模一样。但长期看来，这并不解决根本问题，我依旧会面临不知道如何给自己的笔记打标签的困境。

所以，如果你想要参考一套分类体系，先不要着急复制，也不要试图和别人做得一模一样，而要先思考作者背后的逻辑是什么，这样做有利于帮你打下扎实的基础，基于自身情况进行改造。

改造时，从实际需求出发

当我思考清楚自己的领域和兴趣，并且建立好项目之后，这套分类方法很快就发挥了作用——不但让我知道了该如何给日常记录的笔记打标签，还让我重新审视了该获取什么信息，哪些东西值得记录等问题。

但我很快又遇到一个新问题。由于蒂亚戈·福特本身是一位效率专家,所以P.A.R.A这套方法非常严谨,比如项目、领域、兴趣、归档都有严格的定义。不仅如此,这几大分类之间的关联程度还非常高,比如他建议每个项目都要和领域有所关联,这样一个人就能看到自己正在通过某个项目在哪个领域里精进。

诚然,作为一套理论,清晰、严谨无可厚非。但我这样的普通人,却很难做到在短时间内分得如此清楚。比如,很多时候我都是在做其他事情的间隙,随手记一条笔记,如果专门停下来想这条笔记属于什么分类、该打什么标签,甚至思考要重建一个什么样的领域或项目,就会打断手头在做的事情,往往得不偿失;而如果只是随便丢进去,又会让这套分类方法失效。怎么办?

为了解决这个问题,我在P.A.R.A这套方法的基础上做了一个小小的改造——增加收件箱(Inbox)这一分类,作为笔记的缓存。这样一来,有任何突然出现的灵感或者暂时没消化好的内容,我都可以把它们放在收件箱里,找时间再集中整理。有了收件箱,我记笔记的压力小了许多,反而有利于捕捉更多有趣的思考。

除了"收件箱",我在借鉴P.A.R.A法的时候,还在其他细节上做了改造。比如"项目"这个分类,我就根据自己的需求做了"不必记什么"的改造。

有段时间我试图按照P.A.R.A法把所有正在参与的项目都记在笔记里,后来却发现,这样记过于琐碎。比如,定期健身虽然是一个项目,能帮助我在"健康"领域精进,但实际上对我来说,这件事能按时完成就好,我没有太多要精进的预期,所以通过简单的日历产品督促自己就好,没必要记在笔记里增加复杂度。

又比如,有些需要和他人协作的项目,关键信息必须和他人同步,这就导致我每次记笔记时,既要在个人笔记里记一份,又要在公司内部的协作软件里记一份，变成了重复劳动。所以后来，我不再在个人笔记里记录项目的所有细节，而只记录自己的思考、决策和结果，用来沉淀有价值的经验。

由于做了上述调整，我对"归档"这个分类的需求就不大了。因为一方面，许多琐碎、短期的记录，都被我放到了其他工具中，在那边自然会有归档；另一方面，剩下的笔记多是以我的思考和决策为主，我如果能定期翻看，反而会有更多启发。

就这样，我不断结合自己的需求对P.A.R.A法进行改造，慢慢探索出了属于我自己的I.A.P.R法，也就是你在前文案例中看到的那套方法——并且随着时间的流逝，新的可能还在不断孕育。比如我的笔记系统里又有了上一篇文章提到的"#这世界/诗"这一标签，它独立于I.A.P.R分类之外，用来标记一些抚慰人心的词句。

尽信书不如无书，与其教条式地坚守原教旨主义，不如结合自己的需求进行改造。改造不仅能让我们深入了解他人方法背后的逻辑，而且能帮我们剖析和认识自身需求——这就像嫁接植物，你必须对两种植物都非常熟悉，才能使其成长为一株健康的植株。

小结

Light曾经以日本剑道的三个阶段"守、破、离"来比喻我们学习"如何分类"的过程：

- 通过"守"阶段，让自己理解对方分类背后的逻辑；
- 通过"破"阶段，让借鉴的框架为自己所用，开始探索属于自己的方法；

- 通过"离"阶段，让自己反客为主，收放自如地使用并发展自己的方法。

我和 Light 都已经进行到第三个阶段，即围绕自身需求发展属于自己的分类方式。这并不是说我们的方法更好或水平更高，而是说我们各自的方法都更适合自己提取笔记、应用笔记。每个人都是独一无二的，我们希望你可以通过类似的路径，一步一步探索出适合自己、属于自己的分类方式。

建议二：
标签越来越乱？两步维护知识网络

前文建议，搭建大的分类框架时，我们可以先借鉴后改造。有了大框架，我们为笔记打标签时就有了一个脚手架。

但随着笔记越记越多，标签越打越多，或许你会陷入另一个常见的困境：感觉标签越来越"乱"，以至于很难提取和应用记过的笔记。怎么办？

许多人遇到这种情况会选择换个笔记工具推倒重来。但这样治标不治本。实际上，这或许不是工具的问题，也不是大家做错了什么，而是标签或分类在自然生长过程中发生的正常现象。

关于这一点，卢曼很早就意识到了，他反复强调：我们通常所做的创建分类工作，是一个自上而下的过程——从结构开始，然后把各种记录逐步归档。但是，我们的大脑不总会按照"分类"工作，而是随着知识的增长，自下而上生长出知识网络。这也意味着，学习过程必然存在很多无法预知的变化，这就需要我们接受一些"混乱"，容纳一些"不确定"。

那我们是不是只需要不停记笔记、打标签，就能坐享其成，拥有属于自己的知识网络呢？事实并非如此。虽然建立知识网络的过程像是培养植物，但我们依旧要悉心照料，做好定期修剪，否则这个网络就会野草横生，最终变得无法使用。

为解决这个问题，我们总结了两个步骤，希望能帮你梳理标签分类，维护知识网络。

第一步，制作说明书，设置缓冲区

标签混乱最常见的一种表现是有许多"重复"标签。比如"#人力资源"和"#人力资源管理"，"#旅行"和"#旅游"，"#启发"和"#启示"等。出现这种情况，多半是因为我们每次打标签时都按自己当下的想法去打，而不是遵循一个相对固定的规则。这样做短期内影响不大，如果长期如此，你的笔记分类就会变得繁复而臃肿，不仅无益反而有害。

如何解决这个问题？你可以试试以下两个好用的方法。

第一个方法是制作"标签说明书"。这个方法来自flomo用户的启发。比如用户"哈哈哈哈"会专门写一条叫作"标签说明"的笔记，就像下面这样，写明自己会用哪几种标签，如何命名，每个标签负责标记哪类信息。

这样做的好处在于，有了标签说明，你就和未来的自己达成了"共识"，每次打标签就有了凭借。当然，"标签说明"不是一成不变的，而是动态成长的。这就需要你定期维护——删掉不太用的，添加新创建的，允许它随着你认知的进化而不断迭代。

> 2023/07/19
>
> flomo信息源规则：
>
> 内在冒出的想法 #灵光乍现
>
> 外在令我有启发、想行动的输入 #灵感收集
>
> 看见便能鼓舞、激励我的内容 #内心力量支持
>
> 有触动的文字 #词句表达墙
>
> 对自己的新认识 #我的又见
>
> 发现的可能有用的、好用的工具 #武器工具盒
>
> 感兴趣的新知识，但还没有很了解 #这个是什么
>
> 一个新视角或思考维度的改变 #哇哈
>
> 被"种草"但还没开始读的书籍 #待读书单
>
> —— 哈哈哈哈

第二个方法是设置"缓冲区"。

我们日常记笔记的时候，未必能把每条笔记都快速归纳到某个分类里，随手打个标签吧，担心为混乱埋下隐患；不打标签吧，又怕将来找不到。在打和不打之间，我们其实还有一种选择，那就是设置一类"缓冲区"标签。

所谓缓冲区标签，就是一个临时笔记的标志。有了它，你记笔记时就可以不用立即打一个"完美"标签，而是先写下想记的内容，等有时间再回过头来分类。这就像家里面的杂物箱，可以用来临时存放一些不知道怎么收纳的物品。

比如在我的笔记系统里，"#Inbox"（收件箱）这个分类就是充当缓冲区的。有了收件箱，我就可以把想记的内容先记下来，等有时间再根据自己的理解去思考、分类、整理。一般来说，我

会每天整理一次，实在整理不完的放在周末解决。而超过一个月还留在"#Inbox"标签下的笔记会被我清理掉——这么长时间不去看，说明它们并不重要。

制作"标签说明书"和设置"缓冲区"并没有先后关系，你可以根据自己的需要选择使用——别忘了咱们的目的，只要能避免近似的标签像野草一样蔓延，就足够了。

第二步，定期梳理，维护网络

完成第一步，你就已经和未来的自己做好了约定，为知识网络的建立打下了一个好基础。接下来，如果想让记过的笔记发挥指数级的"网络效应"，你还需要做第二步，叫作"定期梳理，维护网络"。具体怎么做呢？以下三个动作供你参考。

第一个动作，删除或合并旧标签。任何植物都有"凋零"机制，这样才能确保植物整体的健康和持续的生长。知识网络也是如此。具体来说，笔记分类并非越多越好，而是需要定期"剪枝"。

比如，随着我的工作范围发生变化，从互联网医疗转向思维工具的开发，许多医疗领域的知识可能再也用不到了，我就可以把相关分类整个删除。再比如，有段时间我研究 AI 产品，试图给每个产品都建立一个标签，但后来觉得没必要，因为这个领域尚处发展早期，这么细颗粒度的标签反而容易让我陷入局部细节，看不到 AI 产品整体的进化方向，于是我就把它们都删掉，合并成更简单的"#AI"标签。

这样的定期删减和合并，能帮我们有效控制知识网络的规模及发展方向。

第二个动作，添加新标签。我们说分类会自然生长，主要有两种方式：一种是标签本身进一步细化，就像是树枝分叉一样，长出新枝；另一种则是我们为同一条笔记添加不同类型的标签。

先来说标签本身的细化。举个例子。我刚进入互联网医疗领域的时候，有一阵儿政策发布频繁，我知道这类信息对我所在的平台很重要，于是新增了一个"#政策研究"标签；后来业务发展，需要医生在线开具电子处方，我的相关笔记多了起来，于是又新增了"#电子处方"标签，"#互联网医院"标签等。就这样，一个个标签不断新增，我对互联网医疗领域的政策认识也越来越完善。

除了标签本身的细化，添加新标签的另一种方式是，为同一条笔记添加不同类型的标签。举个简单的例子。初入职场时，我读过管理大师德鲁克的许多著作，也记过不少笔记。但由于当时认知比较浅，我只为其打上了"#组织管理"这个标签。后来，我从雇员变成管理者，又从管理者变成创业者，遇到的组织管理问题逐渐增多，于是又想起德鲁克。多年后重读德鲁克，我发现他并非只是在讲组织管理——小到如何管理好自己的时间，大到如何给业务找到新的战略机会，他都有详细的论述。

从这个视角出发再看之前的笔记，我为其打上了更多类型的标签，比如"#时间管理""#决策原则""#成果管理"等。这种为一条笔记打多个标签的过程，一方面可以让我对所记的内容的理解更深，另一方面也增加了提取笔记的线索，让未来的自己有机会在更多场景下，通过更丰富的路径找到记过的笔记。

第三个动作，寻找标签之间的联系。

除了删除或合并旧标签、添加新标签之外，你还需要做第三个动作——寻找标签之间的联系，连点成线。这个过程不是一蹴而就的，而是慢慢推进的。

比如我有一个很特别的标签叫"#自我"，这个标签下有一系列子集，分别是"#愤怒""#焦虑""#恐惧""#耐心""#讨好""#幸福""#欲望""#自尊"等。看起来满满的鸡汤味，但其实里面记录的不是格言金句，而是我对"自我"这一话题的思考。比如"#幸福"这个分类下，就是我关于何谓自己认可的"幸福"所做的一系列思考。

你可能觉得这组标签看起来很清晰，每个子集都跟"#自我"这个核心节点连接在一起，但其实刚开始时并非如此。

图2-9

起初，我的笔记标签里没有这些子集，只有散落在"#Lifelog"（生活日志）标签下的一条条笔记。曾经有段时间，我发现自己总被各种情绪困扰，比如因为一点产品上的小问题就大发雷霆，或者总是焦虑下个季度的目标完成不了，夜不能寐。所以，我开始尝试正念书写——每次情绪波动，就把具体事情和感受写下来，放在"#Lifelog"标签下。

随着这类笔记越来越多，往回翻看的时候，我发现了许多可以归为一类的情绪。比如2020年年末，我想辞职创业，但同时清楚地知道，自己人过中年，肩上责任更大，不能意气用事，所以一想到创业，经常产生各种恐惧，像是创业失败怎么办，没有现金流怎么办，等等。我把这些问题都记了下来，还记了很多可能的解决办法。回头整理的时候，我发现这些记录都和"恐惧"有关，可以归为一类，这才连点成线，为它们打上了"#恐惧"标签。

除了恐惧，其他子集也都是我对自身情绪深入"审查"后，逐个明确下来的。这些子集起初都散落在"#Lifelog"这个大标签下，直到某次整理笔记我才发现，它们都跟同一个议题相关，那就是"自我"——我通过觉察并记录自己的感受、情绪、欲望去探索自我、认识自我。意识到这一点，我再次连点成线，把它们从"#Lifelog"标签里拎出来，单独创建了一个叫"#自我"的标签，不仅降低了笔记分类的复杂度，而且明确了一个重要的人生议题。

所以你看，当你记录得足够多时，许多看似无关的分类就有可能串联起来，逐步生长为一个有利于你提取的知识网络。在这个过程中你需要做的，是对其生长有所觉察并定期梳理它。

小结

我记得有位用户曾经这样分享自己整理标签的感受——他半开玩笑地说："我的标签简直没有整理好的那一天。"在我们看来，这未尝不是一件好事，因为它说明记笔记的人在不断进化。

因此，我们没必要把打标签、整理标签当成巨大的压力，而要将其当作发现自己、精进自己的好机会。试试像培养植物那样，定期投入一些精力，然后等待时间的回报。

通过回顾持续刺激

为什么要通过回顾持续刺激

前面我们讲了两种对信息进行预处理的方法,分别是"用自己的话记笔记"和"用标签为笔记分类"。接下来,我们来看第三种预处理方法:通过回顾持续刺激。简单来说,这种方法要求我们不断回看过去的笔记,让大脑持续接受过去所记笔记的刺激。

大多数人容易忽略这个方法,原因很简单,因为这样做带来的反馈并不那么直观,不如获取更多、更新的知识更容易带来数量上的满足感和安全感。

举个例子。曾经有一段时间,我沉迷于收集各种"思维模型",觉得收集得越多,自己解决问题的能力就越强。所以,不管是从书上读到,还是从他人那里听说什么思维模型,我都会认真记下来,比如艾森豪威尔矩阵、贝叶斯决策理论、六顶思考帽、奥卡姆剃刀、费米估算,等等——是不是看名字就觉得很"高大上"?

当时记下来之后,我感觉自己"聪明"了不少,把笔记分享给同事或朋友也能得到不少正向反馈。这促使我继续乐此不疲地收集和记录新的思维模型。但现实很快泼来一盆冷水。某次和朋友聊天，听他提到某个思维模型的用法，我感觉很新奇，让他多讲讲，他困惑地说："我是从你分享的笔记里看到的啊，你没印象了吗？"

那一刻，你不知道空气突然变得多安静……

其实这种尴尬迟早会发生，因为那个阶段的我鲜少回顾过往的笔记，而是不断试图通过记录更多、更新的知识抵消内心的焦虑或满足虚荣心。殊不知，知识并不是商品，记下来并不等于"拥有"了它。如果只是拼命追新求多，却忽略了通过回顾来加强记忆、不断内化，看似效率很高，实则是在做无用功——因为在面对实际问题时，我根本想不起来那些笔记。

所以，通过回顾持续刺激，是对笔记进行预处理的重要方法。它可以帮我们做好两重准备：第一，对抗遗忘曲线；第二，推动知识内化。而如果不做这种预处理，那么记过的笔记就很难达到随时可被调用的状态，就像我之前那样空忙一场。

对抗遗忘曲线，帮你想起曾经的笔记

我们总是高估自己的大脑能够记住的信息数量。现在做个实验：想想你上个月记过的笔记，有哪些内容让你印象深刻？上一本读过的书呢？

早在19世纪80年代，心理学家赫尔曼·艾宾浩斯（Hermann Ebbinghaus）就已经证明了人类有多"健忘"。他选用了一些没有意义的字母组合，比如"asww""cfhhj""ijikmb"，让参与测试的

人去记忆。结果发现，测试者学习完毕 20 分钟后的记忆量是 58%，42% 被遗忘；一小时后的记忆量是 44%，56% 被遗忘；一天后的记忆量是 26%，74% 被遗忘；一周后的记忆量是 23%，77% 被遗忘；一个月后的记忆量是 21%，79% 被遗忘。[1]

虽然我们的笔记不是毫无意义的字母组合，但实际效果也未必好到哪里去——不信的话，你现在不看目录和笔记，回想一下，这本书讲过哪些应用案例？岁月是最大的小偷。如果不去回顾，那么你之前对笔记做过的各种预处理，都将会在时间的缝隙中分崩离析。反之，如果能经常回顾过往的笔记，让大脑接受持续刺激，记住更多内容，未来如果遇到问题时，你提取笔记会更加容易。

举个例子。我记过不少关于时间管理的笔记。那些笔记看似清晰，并且给出了明确的解决方案，我也在尝试践行。但一遇到紧急情况，我依然会被打乱节奏，陷入忙不过来的状态。

某日随机回顾过往的读书笔记时，我再次看到了自己读德鲁克《卓有成效的管理者》[2] 时记录的关于时间管理的描述。其中第一段话就让我十分汗颜。笔记上明明写的是不要立即开始工作，我却因为事情多就着急，没有事先思考就开始埋头"搬砖"。这样匆忙地投入工作看似节省时间，实际上却会让自己疲惫不堪，甚至把时间浪费在了不重要的事情上，效率反而更低——你看，就算是用自己的话记的笔记，我也依旧需要通过持续回顾来对抗遗忘。

---

1. 维基百科：遗忘曲线，https://zh.wikipedia.org/wiki/%E9%81%97%E5%BF%98%E6%9B%B2%E7%BA%BF，2023 年 8 月 4 日访问。

2. 〔美〕彼得·德鲁克：《卓有成效的管理者》，许是祥译，机械工业出版社 2019 年版。

> 2023/05/04
>
> **#Books/卓有成效的管理者/时间**
>
> 有效管理并不意味着看到工作就一头钻进去，立即开始工作，而是要关注时间安排，善用有限的时间。记录时间、管理时间、统一安排时间。
>
> 知识工作者要想取得成果和绩效，就必须着眼于整个组织的成果和绩效，把目光从自己的工作转到成果上，由内部世界转到外部世界。另外，人事决策会比较消耗时间，对此要有预期和准备。
>
> **自我诊断与行动：**
>
> · 记录时间，知道把时间用在了哪里。
>
> · 找出非生产性时间和浪费时间的活动，问三个问题：
>
> 　· 什么事情不必做，做了也是浪费时间？
>
> 　· 哪些事情可以由别人代劳而不影响成果？
>
> 　· 作为管理者，我是否在浪费他人时间？
>
> · 找出由于管理不善或机构缺陷而浪费时间的因素：
>
> 　· 缺乏制度或远见会造成时间浪费（如之前的退款问题、审核问题等）。
>
> 　· 人员过多会造成时间浪费。
>
> 　· 组织不健全会造成时间浪费，主要表现为会议过多（会议是组织缺陷的补救措施）。
>
> 　· 信息功能不健全会造成时间浪费。
>
> —— 少楠

幸好有那次回顾，它让我看到曾经记录的笔记，再次提醒我不要着急做事，而要先规划时间；要始终关注成果，而非追求完成事件的数量。除此之外，我忙乱、焦虑的心态也得到了安抚，还单独抽出时间审视哪些事情是浪费时间的，并决定努力消除它们。

你看，有些笔记留在脑海中的印象并没有我们想象中那么深刻。只有经常回顾，我们才能加强对关键信息的记忆。

推动知识内化，让记过的知识属于你

前文说到，回顾笔记可以帮我们对抗遗忘，为应用笔记做好第一重准备。其实除此之外，它还能帮我们推动知识的内化，为应用笔记做好第二重准备。

所谓内化，指的是把外部知识转化为内部知识，让记录的知识真正属于你。因此，它强调的不是表面上的记忆，而是你对知识的消化吸收和深度理解，以及熟练的应用。

正如《为什么学生不喜欢上学？》[1]的作者丹尼尔·T.威林厄姆（Daniel T. Willingham）教授所说："记忆是思考的残留物。"这意味着你对某件事情想得越多，你以后就越有可能记住它。相应地，回顾笔记的价值也并非让我们像背诵课文一样"记住什么"，而是通过回看记过的笔记，激发大脑启动更深入的"思考"，推动我们完成知识的内化。

你可能觉得知识内化这件事比较抽象，整个过程看不见也摸不着。好消息是，回顾笔记可以让知识内化这个过程变得相对可见。你会看到以下三种变化：

第一，去肥增瘦，知识结构不断优化

知识结构就像身体，你不能指望只通过吃东西变得健康，还

---

1. ［美］丹尼尔·T.威林厄姆：《为什么学生不喜欢上学？》，赵梦译，朱永新审校，江苏教育出版社2010年版。

需要通过锻炼去除多余的脂肪，增加肌肉的力量。而回顾笔记就相当于一种"锻炼"，可以让我们有机会减少"虚胖类"知识的数量，增强对"肌肉类"知识的理解。

让我们继续本文开头的故事。当我意识到自己收集了那么多思维模型却根本没掌握时，我便在内心暗暗告诫自己"要好好回顾"。但怎么样才能"好好回顾"呢？毕竟陌生的内容越来越多，而我的回顾时间又并不充裕。

所以当时我做了两个决定：一方面，停止记录更多思维模型，控制输入，避免囤积到无法消化的地步；另一方面，集中时间回顾过去的记录，把那些看完一遍也没能很快理解的思维模型——诸如Zwicky box、Cynefin框架，都直接删除。虽然也会担心"未来或许用得上"，但现有的思维模型都还没吃透，干吗"吃着碗里的，瞧着锅里的"呢？

完成上述两个步骤后，我发现笔记里臃肿的思维模型大大减少，体验到了如同合理饮食和运动后的身体舒适感。更重要的是，回顾的范围缩小后，我可以更清晰地知道该从哪里开始回顾，也能够将之前匆忙记录的内容用自己的语言进行整理，并增加更多实际应用的例子。

比如在回顾"二阶思维"[1]这个思维模型时，我就补充了一个具体案例帮助自己理解。

---

1. 对应一阶思维。一阶思维指只考虑直接结果，不考虑后续结果；而二阶思维指努力预估未来，推断出可能产生的一系列后果，以便做出决策或制订解决方案。

> 2021/03/21
>
> **#Area/思维方式/二阶思维**
>
> 霍华德·马克斯在《投资最重要的事》中解释了"二阶思维"的概念：
>
> **一阶思维是快速而简单的。**它出现在一个人只想着"解决"眼前问题，而不考虑后果的时候。比如"我饿了，所以来吃块巧克力吧"。
>
> **二阶思维是更深思熟虑的。**它要求人们从互动和时间的角度思考，明白什么行为会造成什么后果。二阶思维者会问自己一个问题："然后呢？"这意味着，在饿了想吃巧克力的时候，你要考虑到吃巧克力的后果，并以此为依据做出决定。如果这样做的话，你就更有可能吃到更健康的食物。
>
> **补充案例：**
>
> 比如，患者总是来找客服问自己买的药到哪里了，希望增加"催单"按钮，这时我们是增加一个"催单"按钮，还是提高一下药品仓库的发货效率呢？很多产品经理由于对整个业务链条不熟悉，对业务的理解只局限于"用户交互"层面，因此很容易直接按患者所说增加按钮。
>
> 但是，直接解决用户提出的问题或直接满足用户提出的需求，绝大多数时候都会让我们陷入"一阶思维"误区。
>
> —— 少楠

之前做在线问诊时，总有患者来找客服问自己买的药到哪里了，希望加个"催单"按钮。有的产品经理立即提议增加一个，这就是一阶思维。根据我的观察，问题本身出在供应链上，就算加了按钮，如果药品还是需要三五天才能快递到患者手中，依旧不能解决问题。用二阶思维来看，导致用户收货慢的真正原因是快递速度慢，而快递速度慢的根源则在于仓库位置不合适。

基于上述逻辑，平台后续和供应商协商开启华中仓，基本解决了这个问题，"催单"按钮也很少有人提及了。

你看，这样的回顾就像思维锻炼，不但去除了笔记系统里多余的"脂肪",还促使其长出了有力的"肌肉",让我对某些思维模型的印象更深,应用起来也更加得心应手。

比如,后来做flomo时,用户提出希望增加类似"待办清单"这样的功能。我很自然地想起了二阶思维,想起当时如何处理用户的催单需求。于是我很快得出推论——如果增加这一功能,短期来看似乎能满足用户需求,但长期来看,这类记录的生命周期很短,如果笔记中都是这样的临时性内容,那么回顾的价值也会变低,最终导致flomo本身的价值变低。所以,我们不考虑做这类功能。

第二,发展新知,知识连接不断增加

除了"去肥增瘦",回顾笔记还可以让我们看到知识内化的另一个变化,那就是"发展新知,知识连接不断增加"。

比如,我曾在flomo中记录了一些关于知识管理的笔记,放在"#知识管理"这个标签下。某次回顾时,其中一条关于知识特征的笔记(下页左侧),让我想起了另外一条读书笔记——从投资的视角看待知识管理(下页右侧)。于是,我为那条关于知识管理的笔记增加了"#投资"标签,同时也为那条读书笔记增加了"#知识管理"和"#投资"两个标签。这样,在我的认知里,知识管理和投资这两件事就从"如何获得更好的回报"这一角度被连接在了一起。

2021/05/30

#Area/知识管理   #投资

什么是知识？知识有什么特征？

知识是用于生产的信息（有意义的信息）。

——世界银行《1998/99年世界发展报告：知识与发展》

知识的特征：

1.可以反复利用，并且回报越来越多（比如掌握了逆向思维，可以在很多情况下使用，并且决策越大，回报越高）。

2.散乱、容易遗漏、需要更新（知识有半衰期，比如当年自己学的平面设计，现在看来就不太重要了）。

3.价值不确定（不知道哪些知识将来用得到，比如要不要投入精力研究Web3[1]）。

—— 少楠

2021/04/04

知识上的投资总能得到最好的回报。

Andrew Hunt建议，要像管理金融组合一样管理知识组合：

1.定期投资——养成坚持学习的习惯。

2.长期投资，多元化是关键——不能只专注于眼下用到的知识，还要关注上下游知识，比如做设计也需要懂一些技术，增强自己的竞争力。

3.管理风险——不要把鸡蛋放在一个篮子里，比如产品经理不能只学习如何画设计图，还要懂用户研究，甚至心理学。

4.低买高卖——在一项新兴技术变得流行之前就开始学习，比如在iPhone刚发布的时候就学如何设计移动端App，比学平面设计更有价值。

5.周期性评估调整——定期评估哪些知识值得投入学习，反之，也要评估停止哪些知识的摄入，避免分散精力。

——《程序员修炼之道》by #Andrew Hunt #Area/知识管理 #投资

—— 少楠

　　有了投资的视角后，我对着笔记进一步思考，更多知识的连接出现了。比如第一条笔记（下页左侧）里提到，知识有类似于复利的特征，这让我想起我之前还记过一条关于"复利误区"的笔记（下页右侧），于是就把它们连起来看。这样一来，两条原本分类不同、看似无关的笔记，就通过"复利"这个点建立起了连接。

---

1. 也被称为 Web 3.0，是关于全球资讯网发展的一个概念，主要与基于区块链的去中心化、加密货币以及非同质化代币有关。

2021/04/04

知识上的投资总能得到最好的回报。

Andrew Hunt建议，要像管理金融组合一样管理知识组合：

1. 定期投资——养成坚持学习的习惯。

2. 长期投资，多元化是关键——不能只专注于眼下用到的知识，还要关注上下游知识，比如做设计也需要懂一些技术，增强自己的竞争力。

3. 管理风险——不要把鸡蛋放在一个篮子里，比如产品经理不能只学习如何画设计图，还要懂用户研究，甚至心理学。

4. 低买高卖——在一项新兴技术变得流行之前就开始学习，比如在iPhone刚发布的时候就学如何设计移动端App，比学平面设计更有价值。

5. 周期性评估调整——定期评估哪些知识值得投入学习，反之，也要评估停止哪些知识的摄入，避免分散精力。

——《程序员修炼之道》by `#Andrew Hunt` `#Area/知识管理` `#投资`

—— 少楠

2020/11/26

理解复利，关键在于两点：

1. 知道为什么会有复利，比如某些资产凭什么每年都能增长10%。

2. 理解"自动的复利比手动来回切换的复利更重要"。比如，一个职场人找到好的行业不断积累，就是在积累自动复利，而频繁跳槽、切换领域，则是在积累手动复利。前者比后者更重要。

补充一些关于复利的常见误解：

1. 复利的积累不是以天为单位，而是以期数为单位。每天进步1%的前提，是把每天作为一期。但许多人的迭代速度，并不是以天为单位，因此期数没有想象中那么多。

2. 复利效果依赖于本金多少，如果本金过少，即使翻了倍，复利也不多。比如十年前投入一百块，那么到今天就算复利再高，整体也没多少。

3. 许多时候投资的收益率没有想象中那么高，关键在于坚持。年收益15%是巴菲特级别的"股神"才有的战绩。

https://mp.weixin.qq.com/s/2ghHAmQRmyuWWXIA1bdKdg

`#朋友/孟岩` `#投资/复利`

—— 少楠

这还没完，在回顾笔记的过程中，其中一句话更是引起了我的思考："自动的复利比手动来回切换的复利更重要。"

这让我想起自己第一次创业，简直是脚踩西瓜皮，滑到哪里算哪里——从图像美化工具领域切换到社交领域，再从社交领域切换到美食团购领域，最后居然开起了外卖店。虽然每天恨不得工作 12 个小时，不停学习新知识，但这样不断切换方向，导致我对每个领域的认知都很浅，因此无法获得持续不断的自动复利。这样的思考再次提醒我，以后要定期评估有哪些不再需要关注的领域，集中精力去学习更重要的东西。

你看，回顾笔记的过程，其实也是一个知识更新和思维发展的过程。通过回顾，我们可以发现许多新的知识连接，从而让自己对所记知识的理解更进一步，应用起来也更自如。

这里要特别说一点，许多人提到笔记之间的"连接"，立马就要问：你是通过什么软件的什么功能做到的？虽然一些笔记工具会提供"双链""网络连接图"等功能，但其实你可以通过最朴素的方式，实现笔记之间的连接，比如手动贴上某条笔记的超链接，多打几个标签，甚至复制粘贴过来一些内容。重要的不是外在形式上的连接，而是你通过思考，在大脑中建立了什么连接。

第三，影响现实，把笔记里的知识用起来

除了"去肥增瘦"和发展新知，回顾笔记还可以推动第三个关键变化，那就是从文字记录到影响现实，真正解决实际问题。

比如我会把自己希望记住的行动原则在笔记软件里置顶，这样做的好处是，我会高频回顾到这条笔记并据此行动，用实际行动解决具体问题。下面这条就是我的置顶笔记。其中的第三点"不要陷入自我牺牲的怪圈，想做什么就去做好了"，其实是我在反思亲密关系时收获的一条重要原则。

> 2022/05/08
>
> **2023年备忘——行为原则**
>
> ·构建核心原则（不要太多），并根据原则行事。
> ·考察概念，清晰表达。对于不了解的事情，尽量保持沉默。
> ·不要陷入自我牺牲的怪圈，想做什么就去做好了。
>
> —— 少楠

受到原生家庭及社会环境的影响，以前我遇到两难问题总会选择自我牺牲，感觉这是为对方好。比如我原本特别想在工作日下班后去看某场演出，但又觉得这样是在逃避家庭责任，于是就强忍着待在家里，其实内心满是牢骚；而当矛盾爆发时，我就会用这些"牺牲"数落对方。但实际上，一个人如果连自己都不爱，又谈何去爱别人呢？并且这种牺牲，在对方看来其实莫名其妙——想看就去看呗，一家人也不是必须 24 小时黏在一起啊。

把这条原则置顶后，每次打开笔记软件，我都能回顾一次。有了这样的高频回顾，我开始在行动上有所改变，不再在亲密关系中随便牺牲自己。这样一来，之前因为自我牺牲引发的问题少了许多，我和家人的日常幸福感也随之提升。

你看，记忆固然重要，但如果只是去记忆，我们恐怕只能变成《天龙八部》里的王语嫣，仅仅知晓各大门派的招式；要想成为真正的大侠，记住招式只是第一步，更重要的是通过回顾笔记持续不断地内化，以便知道在什么情况下运用什么招式。

不必那么严肃，和过去的自己相遇

除了理性层面的好处，回顾笔记在感性层面亦有不少价值：

- 比如情绪不好的时候，你可以回顾过去的小确幸，把自己从负面情绪的漩涡中拉出来；
- 比如过度劳累的时候，你可以回顾优美的诗句或文字，让自己放松下来，重新看到这个世界的美好；
- 比如在自己变得强大后，你可以回顾过去让自己痛苦的事情，拔掉内心那根刺，然后轻装上阵；
- 比如在一个平常的日子，你可以漫无目的地随机回顾，看看过往的自己记过什么，想过什么，对什么在意，又对什么念念不忘，让外界的声音散去，只留下自己和自己对话。

所以，不要把回顾笔记当作压力，而要把它当作一次充满机会的发现之旅。如果你没有回顾笔记的习惯，一开始不妨轻松一些，每周留出一点时间，让现在的自己和过去的自己不期而遇，看看你会发现什么样的惊喜。

小结

在有限的时间里，我们与其不断追求更多新知识，不如花点时间回顾记过的笔记，让更多知识内化于心。在持续不断的回顾中，你会发展出属于自己的优势：拥有更精当的知识结构；发现更多知识连接；用记过的笔记解决现实问题，而非停留于纸面的理解。

怎样实现更好的回顾

理解了回顾笔记的重要性，你可能还有诸多困惑，比如自己并非不知道回顾重要，但总是抽不出时间，或者回顾的时候，不知道到底该做点什么，才能产生好的效果。

别着急，我们可以把"回顾"进一步拆解成更具体的三个步骤，来看如何逐项改进：

1. 投入时间：投入固定的时间，确保回顾能持续进行；
2. 同步思考：重要的不是复诵，而是引发思考；
3. 保持互动：与过往的笔记互动，增强回顾效果。

步骤一：投入时间

关于回顾笔记这件事，我们调研过许多用户，结果发现大多数人都认同应该经常回顾自己的笔记，但实际上这样做的人很少。究其原因，无外乎工作或生活太忙，没有整块的时间来回顾。

顺着这个问题深挖我们发现，许多人并非真的忙到没空回顾，而是另有原因。比如由于记录、分类过于草率，收集了太多陌生的知识，导致自己不知道该从哪里开始回顾。而一个人越是这样不回顾，内心就越焦虑，越是希望能有"足够多的时间"将过往笔记完整回顾一番。就这样，时间缺口越来越大，启动成本越来越高，"忙碌"就成了不回顾的背锅侠。

那该怎么办呢？其实这和健身很像，你如果想拥有好身体，就不能指望靠跑一两次马拉松来获得，更重要的是意识到健康的重要性，然后固定在某个时间段进行基础锻炼，如此反复。

所以在"投入时间"这个步骤上，我们的建议是：不要把回顾当成大扫除，而要将其分解成小任务，定期投入时间。

以我自己为例，我日常会有三个固定的时间点回顾笔记：

（1）每次记录时回顾，重要的是熟悉上下文。

第一个时间点是每次记笔记的时候。

这是我从望岳投资的南添老师那里偷学到的一个回顾技巧。每次记录新笔记的时候，他不是马上开始写，而是先找到对应内容所在的标签分类，然后快速回顾一下之前记录的内容，熟悉上下文之后，再开始记录新内容。

假设他要记一条有关电动车领域的笔记，正式记录前他会点开对应的标签，翻看此前关于这个领域的笔记，思考即将记录的内容和之前记录的内容是否有冲突或关联。这样回顾的好处是，他不但可以加深对相关笔记的印象，还能快速建立起笔记之间的连接。

我"偷师"到这种方法后，经常在记读书笔记时使用。比如一本很厚的书，我不太可能一口气读完，笔记也是陆陆续续地记。

有了这种方法，每次记笔记前，我都可以往前回溯几条，很快把上下文串联起来。

不要小看这种方式，假设我每天记一条新笔记，那么每年至少可以这样回顾300次。这样一来，我不但能加深对此前记录的印象，还能在这个过程中，把现在的事实、想法和之前的事实、想法联系在一起，避免孤立、短期地考虑问题。

当然，这样做的前提是，你有相对充裕的时间。如果记录时很匆忙也不用担心，你还可以借助以下两个时间点来回顾笔记。

（2）每日回顾或隔日回顾，重要的是持续不断。

第二个时间点是每天或隔天的一段固定时间。对我来说，这就像日常健身，重要的是持续，而不是进行压力测试，所以时长一般控制在30分钟左右，避免给自己造成太大的压力。在这段时间内，我会重点回顾最近一两天记录的内容。

举个例子。每天晚饭后，我会着重回顾当天记录的临时内容，比如一些来不及看的链接或者某些有启发的观点等，它们多半在前文提到的"#Inbox"标签下面。大概30分钟内，我会把临时内容消化一下，并顺手做一些预处理，比如补充自己的想法、完善笔记的标签等。

2023/06/11

#Area/创业/组织/管理

- 许多初创公司的创始人重视金钱而非时间：一方面，所有事情亲力亲为，甚至为之自豪，认为这样没成本；另一方面，不肯为自己支付培训费用、花钱请专家解决问题等。
- 但其实，有效利用自身资源才是关键，而非一味节俭。什么是有效利用自身资源？就是创始人要去做别人无法轻易复制的事情，输出独特贡献，同时把其他事情委托给他人。

> - 创始人的时间很贵，因为你是业务的第一投资者，所以：
>   - 不应该陷入一线的执行，而应该让时间具有更高的杠杆。
>   - 不能只寻求1—2倍的回报，而要考虑10倍。
>   - 你每天只能卖这么多小时，所以要思考睡觉的时候还能卖什么。
> - 创始人应该关注少数时间里的关键行动，把有限的时间投资在重要的事情上，还要加快学习速度（如付费请教等）。blog.leanstack.com
>
> **补充想法**：开启新业务的时候，创始人不应该招募一个人让其直接给出答案，而应该先和有经验的专家沟通，形成自己的观点后再去找人执行，且找来的人最好是有资深经验的老手。
>
> 🟢 2023/06/04：#Area/创业/组织/管理 Buy back your time。刚开始启动一个事业，但是为了让……
>
> —— 少楠

比如上面这条笔记，原本是我某天早上起床读文章时记的。因为时间匆忙，我只罗列了有启发的要点。晚上回顾到这条笔记的第三个要点时，我想起前几天还记过一条相关笔记，于是添加链接让它们相互关联[1]；同时还修改了标签，从 #inbox 换成 #Area/创业/组织/管理；另外还把和 Light 讨论招聘问题时的一些思考补充在了文末——重要的是找到擅长某领域的人，把自己解放出来。

每日回顾或隔日回顾的好处在于，一方面可以让我们毫无负担地快速记录想法，不必担心放错了分类等问题；另一方面还可以让我们有固定的时间重新审视笔记，去粗取精、补充想法。这就像日常做一点家务，给自己的"知识小屋"做个快速整理。

---

1. 用户使用 flomo，可以通过快速引用、复制链接等方式，将已有的两条笔记进行关联。

（3）以周或月为单位回顾，重要的是发现连接。

除了每次记录时回顾和每日回顾，还有第三个回顾笔记的时间点，那就是以一周或一个月为周期，留出固定的时间去回顾。

这种长周期的回顾，就像健身时的压力测试，让我们有机会把过去的许多记录一起"加载"到大脑里进行思考，方便我们发现其中隐藏的连接。

比如某次回顾时，我翻看了过往半年多的生活日志，发现自己的焦虑情绪多半是由不熟悉的事情引发的。之所以有这个发现，是因为回顾让我有机会把不同时间的笔记放在一起看，这样更容易发现其中的联系。发现上述联系后我就知道了，以后我可以尽量获取更多信息，让陌生事物变得熟悉，用具体的信息缓解焦虑。

由于这类回顾的过程比较长，所以我每次会留出至少半天时间，让自己充分思考，并根据思考结果对笔记做相应的处理。

记得有一次，我刚读完《非暴力沟通》[1]这本书，其中不少观点和案例看得我面红耳赤。正好趁着周末，我又翻看了近一年的生活日志，发现自己情绪低落或者压力大的时候很容易对家人发脾气，继而自责，但实际上却没有向对方表达清楚自己想要什么。于是借着这次回顾，我写下了一些关于亲密关系的思考：

- 拥有良好亲密关系的前提是"知道自己是谁"。先成为自己，才能看清对方。
- 亲密关系不是彼此支配，或对对方抱有某些期望，而是先做自己该做的事情，毕竟一个人如果连爱自己都不会，遑

1.〔美〕马歇尔·卢森堡：《非暴力沟通》，阮胤华译，华夏出版社2009年版。

论爱他人呢？

- 亲密关系不是丧失自我，成为只会满足对方需求的"奴隶"，而是找到彼此一致的视角，看到生活中新的可能性。
- 良好亲密关系的基础不是违背自身意愿的牺牲，因为这会让你心生埋怨，而是发自内心的主动付出。

这次回顾让我意识到，自己一直都带着原生家庭的惯性前行，从未认真思考过亲密关系意味着什么。好在，觉察即改变。用心思考并据此践行后，我和亲近的人相处起来更加自如，摩擦也少了许多。

回到回顾笔记这件事，在"投入时间"这一步，重要的不是一次两次的"突击战"，而是持续不断的"小努力"。因此，不必给自己太大的压力，甚至不回顾完所有笔记不罢休。你可以轻松一些，每次适可而止就好，因为下次回顾的机会很快就会到来。

步骤二：同步思考

有了时间投入之后，要想提升回顾效果，你还需要做第二步：同步思考。

或许你会觉得奇怪，回顾不就是在思考吗？其实不然。比如，常见的一种情况是，许多人会说，我回顾了，但看了好多遍也没记下来，肯定是我脑子不好用。你看，长期以来的教育模式，潜移默化地让我们有"背诵答案"的习惯，回顾时往往下意识地去复诵记过的笔记，却忽略了最重要的思考过程。

那么我们该如何在回顾笔记的同时启动思考呢？你可以试着问自己三个问题：

（1）这条笔记和我最近遇到的什么问题有关？

比如，我早期读企业家谢家华的自传《三双鞋》[1]，做了很多笔记。某次我回顾到下面这条关于"客服"问题的笔记，同时也在想，这跟我最近遇到的什么问题有关？

> 2021/05/28
>
> **#Books/三双鞋**
>
> **关于客服**
>
> 大多数公司都把客服当作不得不做的事情，而忽略了这是建立口碑，提升顾客LTV（生命周期总价值）[2]的情境——挽救一个不满意的客户，不但能保住订单，甚至还可能因为提供了超预期服务，让他成为积极传播者。
>
> 很多人认为顾客LTV是静态的，而美捷步（Zappos）认为是动态的。因为随着品牌与顾客的正面交流、情感交流增多，顾客对品牌的信任度也会提高，继而在有消费场景的时候首选该品牌。
>
> 营销的重点不在于吸引眼球，而在于建立顾客对品牌的信任，与顾客建立长期联系。哪怕自己无法服务，我们也要告诉顾客有什么其他产品可以做到（flomo无意间做到了这一点）。
>
> —— 少楠

这样自我提问后，我马上想到一个正在困扰我们的问题：要不要继续在flomo客服这一块继续投入？事情是这样的，刚开始做flomo时，因为只有我和Light两个人，所以我们一直是自己上阵做客服。但时间长了我们发现，这件事耗费了太多时间，以至于影响到许多其他重要事项的执行。所以我们在考虑，要不要先关闭客服这个口子，但又担心少了和用户沟通的渠道，到底该怎么办？

---

1. 〔美〕谢家华：《三双鞋》，谢传刚译，中华工商联合出版社2011年版。

2. 全称为Life Time Value，是公司从用户所有的互动中所得到的全部经济收益的总和。

结合回顾到的这条笔记，答案自然就出来了——必须坚定地在客服这件事上"持续投资"。原因在于，这条笔记给了我一个视角：良好的客服沟通是一种建立信任的机制，而建立信任后，用户才会愿意投资时间、金钱在你的产品上。随后我们很快邀请到一位很有耐心的伙伴加入，加快客服的响应速度；除此以外，我们还提高了建设"帮助文档"的优先级，希望努力防患于未然，尽量让用户的问题提前被解决。

（2）关于这条笔记，我可以补充什么新实践或新思考？

下面这条关于时间管理的笔记，是我某次听播客时记录的。之前我做事总是容易失焦，导致重要的事情得不到及时解决，所以后来我干脆买了一堆便笺贴在墙上，确保自己一到办公室就能看到近期重点项目的重要节点。回顾这条笔记时，我把自己的这些实战经验补充在了后面，促进理解，加强记忆。

2023/05/29

#Area/创业/组织/管理　　#People/互联网/Dan Martell

- 时间是终极生产资料，但大多数时候我们都是直接出售时间，且只能出售十分之一。
- 要审计自己的时间表，确保时间、精力的投入方向和你认为重要的事情一致。
- 拖延，多数时候是因为不知道下一个行动目标是什么，或者目标过大不知道从何下手，所以应该明确目标、把要做的事情拆成小颗粒。
- 每小时价值=年收入/2000。如果你能用25%的价格买到1小时，那就应该这么做（假设一个人年薪100万元，那么他每小时的价值为500元，25%的价格就是125元）。[1]

---

1. The Burn Podcast by Ben Newman, Buy Back Your Time with Dan Martell, https://podcasts.apple.com/us/podcast/buy-back-your-time-with-dan-martell/id1287224646?i=1000596946353, August, 2023.

> - 为何要买时间？减少决策疲劳、释放精神带宽、增加时间价值。
> - 还可以寻找生活中的小挫折或不便之处，解决它们，节省时间。
>
> **实践记录：**
>
> - 把当前项目的重要节点贴在墙上，可以避免偶尔空下来的时候失焦。
> - 把客服问题统一放到下午处理，可以避免频繁切换任务导致的失焦。
> - 每周日做出下周的工作安排，但不能安排太满，要为意外发生的事情留出弹性时间。podcastnotes.org
>
> —— 少楠

再比如，有一次我回顾过往的读书笔记时，看到了iPod（苹果播放器）之父托尼·法德尔（Tony Fadell）在《创造》[1]一书中分享的案例，讲他们当时如何设计Nest恒温器的服务体验。

> 2022/10/08
>
> `#Area/产品/服务设计` `#Books/创造`
>
> **什么是好的产品服务？**
>
> 不要提及产品的特别之处，而要把用户旅程的每一个阶段都做得很棒。
>
> 所谓客户旅程，指"获取—感知—熟悉—使用"的全过程。在整个旅程的每个阶段，用户都会问一个"为什么"：
>
> - 我为什么要关心这个？
> - 我为什么要买它？
> - 我为什么要使用它？
> - 我为什么要坚持使用它？
> - 我为什么要买下一个版本？

1.〔美〕托尼·法德尔：《创造》，崔传刚译，中信出版社2022年版。

> Nest恒温器有个独到之处，就是附赠螺丝刀，用户安装时直接拿来就能用，而不必翻箱倒柜找工具，这样就把用户的沮丧时刻变成了喜悦时刻。
>
> 不仅如此，那把螺丝刀不是一次性的，而是带有四种刀头，用户可以用它做很多事情。这就大大超出了用户预期，甚至成为品牌符号。
>
> 所以，是用户旅程最终定义了品牌。
>
> **我的实战经验：**
>
> 在flomo的用户旅程中，用户面临的最大问题是打开产品后不知道记录什么，更别提如何使用标签和回顾了。所以，我们创建了"flomo101"，不仅提供功能指南，还提供大量的记录方法和实际案例，让普通人知道自己可以记什么、怎么记以及记之后的效果是什么。
>
> —— 少楠

如果只是回顾案例本身，我只会觉得法德尔不愧是大神级人物，除了增加一些谈资，对未来帮助不大。于是我开始回顾自己过往的经验，主动问自己：我们做过哪些类似的事情？

顺着这个问题，我在这条笔记下面补充了一段关于flomo如何优化用户体验的实战经验。这样一来，我不但把过往有价值的经验沉淀了下来，方便未来分享给团队其他成员，而且进一步加深了对这个案例背后的用户旅程框架——"获取—感知—熟悉—使用"的理解，方便后续设计新服务时调用。

（3）这条笔记和其他哪条笔记有关系？

除了前面两个问题，回顾笔记时你还可以试试问第三个问题：这条笔记和其他哪条笔记有关系？

比如，下图是我在反思自己是否有"美化智商"行为时记录的一条笔记，里面有句话是这样说的："我偶尔也有一些美智行为，表达的都是未经自己践行的他人观点。"这句话让我想到，之前我还记过一条相关的笔记，来自朋友 Chaojun 分享的内容——"何谓拥有一个观点"。于是我通过添加链接的方式，把这两条笔记关联起来，同时再次提醒自己实践的重要性，不要沉迷于转发他人观点去获得影响力。

2023/07/12

#Inbox

- 美化智商的表现之一，是把别人的见解转述出来，以获得影响力。
- 我偶尔也有美化智商的行为，比如转述、总结一些未经亲身实践的他人观点，本来应该是督促自己实践，但却在获得了影响力后沾沾自喜而没有彻底践行。
- 重要的不是通过美化智商提升影响力，而是亲身实践后获得的观点或洞察。
- 我们都会被他人观点影响，好的方式是让观点穿过自己，沉淀出属于自己的知识并为我所用，而非一上来就急着将他人观点"据为己有"。

🔗 2022/05/19：#思考 看Chaojun到小报童专栏有一个启发……

—— 少楠

2022/05/19

#思考

看Chaojun的小报童专栏有一个启发：

- 何谓拥有一个观点？是理解它的各个角度、各种颗粒，而不仅仅是一部分。
- 何谓拥有一个洞察？是知道某个观点是哪些河流汇合的焦点，并且知道上下游的样子，继而推断出未来的变化。

🔗 1条链接至此的MEMO

—— 少楠

其实，不管带着什么样的问题去思考，我们的目的都是找到有价值的信息增量，服务于自己要解决的问题。如果你一开始不知道怎样找信息增量，这里有一个来自得到老师蔡钰的启发。

蔡钰老师说，所谓信息增量，其实来自不同信息之间的关系；而所谓关系，无外乎有这么几种形式：差异、变化、冲突、呼应、互补、联动。下次回顾笔记的时候，你不妨顺着这些形式，找找不同信息之间的关系，说不定会有新的发现。

你看，这样带着问题去思考，可以帮助我们找到更多线索或启发，对知识的理解程度也会更深。因此，不要把回顾笔记当作任务，而要当作机会，带着你的新问题、新经验、新认知启动新一轮的思考。这样一来，无论是你的认知水平还是做事能力，都能实现"滚雪球"式的进步，而不会随时清零或只是凭运气提升。

步骤三：保持互动

有了固定的时间投入和同步思考，如果想让回顾效果更上一层楼，你还可以和笔记进行更多互动。具体来说，常见的互动方法有三种：增加、删除、改写。下面我们分别看看实际案例。

（1）增加

所谓增加，首先指对笔记内容进行扩充，比如增加一些更深入的信息、有价值的思考，或者更丰富的背景资料等。

比如我有一条笔记记录了自己对于何谓幸福的思考。每次回顾到这一条的时候，我都会问问自己，是否对何谓幸福有新的看法。如果有，那么我会补充到这条笔记上。类似的诸如何谓焦虑、对亲密关系的思考、对决策的原则思考等笔记，我都会这样不断补充新的信息。

> 2022/10/04
> #Area/自我/幸福
>
> **什么是幸福？**
>
> - 幸福是欲望缺席的时刻，即停止思考过去和未来，活在当下的时刻。
> - 幸福不是只有拼命爬到山顶时才能获得，而是向山顶攀登的每一个当下，都有可能获得。
>
> **保持幸福的方法：**
>
> - 保持热情：人的兴趣越广，获得幸福的机会就越多。因此要培养兴趣，保持对世界的热情。另外还要减少内耗、专注当下。
> - 用心工作：目标的连续性是拥有长久幸福的重要因素之一，多数人主要从工作中获得。因此要用心工作，并让工作变得有趣。
> - 保卫闲暇：无暇休息会让人感到疲倦、疏于思考，甚至由于过度聚焦于少数紧急的事情而对世界上的其他存在少了敬畏之心。于是我们会变得过于自我、过于狂热，自我剥削，直到筋疲力尽。因此我们要保卫闲暇，适度休息，不要让自己过度忙碌。
>
> —— 少楠

除了补充内容，我还会为笔记打上更多标签，使其和其他分类下的笔记建立连接，丰富知识网络。

比如，我在读《王立铭进化论讲义》[1]这本书时记了读书笔记，由于读这本书起初是兴趣所致，所以只打了个简单的标签——"#Books/王立铭进化论讲义"，确保自己将来可以通过这个标签找到笔记。但某次随机回顾过往笔记时，我发现其中有段内容看似简单，却对知识管理中让许多人头疼的"如何分类"问题有启

---

1. 王立铭：《王立铭进化论讲义》，新星出版社 2022 年版。

发——林奈分类[1]的核心目的是方便他自己观察和检索,但并不适合其他人,因为林奈的分类系统主要基于生物的形态和解剖特征,它提供了一种便于描述和识别生物的方式,这并不意味着它能够揭示生物之间的真实演化关系。比如玫瑰和郁金香都是"花",但前者属于蔷薇科,后者却属于百合科,祖先完全不同。

> 2023/02/28
>
> #Books/王立铭进化论讲义　　#Area/知识管理/方法
>
> - 林奈的分类方法相当于给生物编码,目的是方便他自己观察和检索,虽然为其他人提供了一种分类视角,但并非放之四海而皆准的金标准。
> - 这种分类方法的缺陷在于,无法反映客体和主体之间的关系(如玫瑰和蔷薇科之间的关系),也无法反映同类别客体之间的关系(如作为"花"的玫瑰和郁金香之间有何关系)。
>
> 思考:
>
> - 分类没有对与错或金标准,核心在于自己希望通过分类达到什么目的。
>
> —— 少楠

相应地,如果我们记笔记时忽略某些标准分类方法的目的,只是机械照搬,那么就相当于买椟还珠。意识到这一点后,我在这条笔记上添加了"#Area/知识管理/方法"这个标签。就这样,进化论知识和知识管理知识在我的大脑里就搭建起了一座小小的桥梁。我后续再研究知识管理领域,也有了一个新的学科视角。

---

1. 瑞典植物学家卡尔·林奈(Carl Linnaeus)在 18 世纪发明的一套金字塔式的分类方法。他把一万多种植物按照"纲、目、属、种"这几个不同层次的单元,分门别类地整理了出来。这套方法在后世被人们继续发展成了"界、门、纲、目、科、属、种"七级分类系统。

（2）删除

笔记不是越多越好，如果某些笔记已经过时，或者自己大概率不会再用到，那么我们可以大胆地删除。这样不但能有效降低混乱，还能让我们将有限的精力投入到值得思考的问题上去。

比如，前些年我对区块链投入了许多时间去研究，但始终没有找到合适的应用场景。后续因为创业，时间有限，更没有精力继续学习。虽说"艺多不压身"，但维护这么多与"艺"相关的知识也是需要成本的。而随着时间推移，创业方向逐渐明朗，我应用这些技术的概率大幅降低，所以某次回顾时，我咬了咬牙，将这个分类里的上百条笔记整体删除，顿时感觉清爽不少。

除了删除自己不再关注的领域，还有一些可以考虑删除的内容，比如：

- 囤积许久却从没再看的内容。对大多数人来说，如果某些内容超过两三周没有回看，那么我们几乎不太可能再看。
- 摘抄的金句或名言。因为这些内容大多数时候无法指导具体的行动，只能让你得到精神上的按摩，造成自己已经掌握了"大道"的快感。
- 部分一次性、过程性内容。比如办理落户的流程，刚开始学习某些软件时记录的方法等。

除了把过去的笔记整体删除之外，对于单条笔记的内容，我们也可以有选择地删除，只留下对自己最有价值的部分。这样，下次回顾时，重点会更加明晰。还记得本书第二部分讲到的"精炼核心内容"这条建议吗？其中的很多方法在这里同样适用。

（3）改写

除了增加或删除，我们还可以参考记笔记的第一种预处理方式，用自己的话对笔记进行改写。你可能觉得，这不是在玩文字游戏吗？其实不是。这里所谓的改写，并不是对文字做语法或词汇上的修饰，而是经过消化吸收、深入思考之后，把别人的案例或洞察换成自己的，用自己的话说一遍。

比如，早期我记过一些关于欲望的笔记，大部分都来自法国社会学家勒内·吉拉德（René Girard）的欲望理论。但后来随着自己的实践越来越多，学习的相关知识越来越多，我对此前的笔记做了多次改写。目前相关笔记里的案例和观点，其实是我基于自身经历做了多次改写和取舍的结果。

2022/03/15

#Area/自我/欲望　　**#People/哲学家/René Girard**

- 一个人对另一个人（或事物）的欲望，来源于这个人对其他人如何得到这个人（或事物）的模型的模仿，而不是这个人（或事物）本身。比如小孩子要玩具，很多时候不是因为玩具好玩，而是别人家的孩子有。
- 我们四处寻找他人也喜爱这些人（或事物）的模型，以确保自己不是唯一喜爱它们的人，因为我们害怕做出和别人不一样的"错误"选择。奢侈品不断对外做品牌广告，原因就在于此，重要的是让大家知道，其他人也觉得这些东西是奢侈品。
- 危险在于，如果我们的欲望是模型决定的，那么我们的欲望就不是自己的，而是他人的。最理想的东西是我们不能拥有的东西，而我们的模仿对象总是比我们更接近那些东西（别人碗里的饭香）。
- 在这种欲望模式的驱使下，我们一方面想要"别人想要的东西"，另一方面也不想要"别人不想要的东西"。一个典型例子：某人带女朋友社交，故意引来情敌，其目的是寻找同类，证明自己的眼光是对的。

—— 少楠

> **2022/04/05**
>
> **#Lifelog**　**#自我/欲望**
>
> **什么是欲望？**
>
> 自我的欲望，往往是想完全占有某个对象——就像刚恋爱的时候，希望完全占有对方的方方面面。但问题是，这样实际上是把任何对象都物化了，希望不断拉近距离，继而占有，让对象丧失独立性，成为自己的附庸。
>
> —— 少楠

不必担心这样会破坏内容，因为改造是为了更好地使用，而不是把它展示给他人。再比如，下面这条笔记里的决策原则，我已经忘记了最早的出处，但丝毫不影响我用它们指导未来的决策。因为这条笔记的内容，都是我在不断实践中迭代出来的，一招一式，早已内化于心。

> **2022/10/05**
>
> **#决策**
>
> **做决策的原则**
>
> - 做决策前，我们要先判断这件事是否值得决策（考虑时间维度、回报维度）；再看这个决策是否可逆——如果可逆则尽快做出，如果不可逆则保持谨慎，多收集信息作为依据。
> - 确保每次做决策都在减少后续需要做决策的事情——这代表核心矛盾或系统瓶颈已被解决。
> - 注意，当没有好的选项可以选择时，耐心等待机会，也是一种决策。
> - 对某个选项说"是"，相当于对其他所有选项说"不"，意味着放弃其他机会；而对某个选项说"不"，则只针对这一个选项，每次否定都在缩小可选范围。所以我们应该默认说"不"，然后找多方证据论证是否应该对某个选项说"是"。
>
> —— 少楠

小 结

本文主要介绍了回顾笔记的三个步骤：投入时间、同步思考、保持互动。每个步骤都提供了一些建议，你可以结合自己的情况灵活取用，让回顾笔记这件事变得更有价值。

除此之外，关于回顾笔记这件事，成甲老师某次和我们连麦时曾提到一个更犀利的观点，这里一并分享给你。

当时许多读者问，回顾笔记具体要做什么，比如要不要删除、扩写、再加工？成甲老师说："我的经验是能不动就不动，当你需要解决问题的时候再动。因为重要的不是操作笔记，而是操作现实。"

确实，虽然本文提了一些如何在笔记层面进行操作的建议，但我们并不鼓励大家为了回顾笔记而回顾笔记，为了整理笔记而整理笔记，而是希望你通过回顾引发思考，继而解决现实问题，影响现实世界。

正如成甲老师所说："从学习逻辑上讲，进行一次与现实生活相连接的操作，抵过纯粹在笔记上操作十次。"

PART THREE
第三部分

收集篇

如何做筛选,
获取高质量信息

审视自己和信息之间的关系

本书的第二部分介绍了记笔记的三种预处理方法,这一部分我们来关注另一个困扰许多人的问题:如何获取优质信息。

在计算机科学中有一句俗语"垃圾进,垃圾出",意思是指如果将错误的、无意义的数据输入计算机系统,计算机自然也一定会输出错误、无意义的结果。同样,如果我们要记录有价值的内容,那么优质的信息必不可少。这就像日常饮食一样,如果天天吃高热量的食物,那么我们就很难拥有健康的体魄。

说到如何获取优质信息,你能找到很多不同方向的答案,比如,如何收集干货内容或者大咖总结等。但在回答这个问题之前,绝大多数人忽略了一个关键的步骤:审视信息和自己之间的关系。

审视关系?这是什么意思?许多人没有意识到,我们看似在主动获取信息,但其实"自己"往往是相当被动的一方。换句话说,可能不是你在掌控信息,而是信息在支配你。还是拿食物打比方,虽然我们可能没有意识到自己被食物支配,但看到美味的食物流口水是人的本性。身边的信息也一样，它们悄无声息地影响着我们，如果不去留意，其实很难觉察。而在毫无觉察地接受各种信息时，我们常常难以判断优劣，因为它们已经填满我们的大脑，让我们无暇思考。

从这个角度看，获取优质信息的第一步，不是急着寻找所谓的优质信息，而是化被动为主动，掌握获取信息的主动权。这就需要我们解决两大典型挑战：第一，避免信息成瘾；第二，逃离信息茧房。下面我们分别来看。

避免信息成瘾

要想获取优质信息，摆在我们面前的第一个挑战是：避免信息成瘾。

你是否遇到过这种情况：下班回到家，本打算好好休息，但只要一打开抖音、微博或者小红书，就有一种力量促使你不断下拉、刷新，不知不觉，抬头一看已是深夜。关于这种现象，科学界有过相关研究。它有个心理学上的名称，叫"信息成瘾"(Information addiction)。上海市卫健委曾经这样描述信息成瘾："沉溺于信息的搜索和收集活动。多发生于高学历人群，成瘾者花大量精力上网浏览信息，没有网络时立即变得焦虑不安，总担心漏掉重要的信息和新闻，害怕给工作、生活带来负面影响。同时还会出现躯体症状，比如头痛、失眠、食欲下降、恶心呕吐等。"[1]

或许你会觉得，这不是自制力不足吗？其实不完全是。如果

---

1. 健康上海 12320：《这种"瘾"可以治，找准病因是关键》, https://mp.weixin.qq.com/s/norKQKuZfcTXtO_7w47Llw, 2023 年 5 月 22 日访问。

要"甩锅"的话，根源在于人脑分泌的"多巴胺"。《贪婪的多巴胺》一书[1]提到，多巴胺的分泌来自大脑对"意外"的反应。比如你看短视频的时候，刷新一下，看到一条搞怪视频，再刷新一下，又看到一个名人分享……这些内容就像盲盒，不断刺激大脑分泌多巴胺。由于多巴胺可以让人感到快乐，于是我们会不由自主、不加控制地获取更多信息……而我们的大脑，也容易变成一台"不分青红皂白的好奇心机器"。

你可能会觉得奇怪，精密的人脑为什么会存在这样的漏洞？其实，如果深究一层你就会发现，多巴胺带来的并非总是负面影响。举个例子。远古时代，人类祖先每天都要做出许多决定或判断，比如在哪里进食、向谁求偶、周围环境是否危险等。而获取更多信息——诸如食物的位置、天敌来袭的信号、潜在配偶的秋波等，可以让他们做出更好的决定，或者更好地控制周边环境，从而增加生存机会。从这个角度看，多巴胺有其积极的一面。

问题在于，人脑的进化速度远不如人类社会的进化速度来得快。在20世纪，许多人为了获取信息，可能连字典、产品说明书上的内容都能逐字读完；而今天，只要你愿意，信息几乎无限供应，根本看不完。这就引发了大脑的一个系统错误：一方面，大脑本能地渴望获取信息，用来保持进化优势，于是会在捕捉到新信息的时候，分泌多巴胺作为奖励；但另一方面，由于现在的信息太多了，几乎无穷无尽，所以这种奖励很容易让我们沉迷于虚幻的快乐无法自拔。

发现了吗？如果我们被信息成瘾支配，那么大脑追求的其实

---

1. ［美］丹尼尔·利伯曼，［美］迈克尔·E.朗：《贪婪的多巴胺》，郑李垚译，中信出版社2021年版。

不是信息质量如何，而是"获取信息"这个过程本身。关于这种现象，加州大学伯克利分校的神经经济学家 Ming Hsu 教授曾这样分析：大脑会高估那些让我们感觉良好但实际并没有用处的信息，就像我们的大脑喜欢垃圾食品中那些无用的热量一样。[1]

所以，一旦陷入信息成瘾的困境，我们很容易被各种新鲜的、耸人听闻的信息吸引，并因此感到"快乐"。但也正因如此，我们的大脑容易变成各种"无用信息"，甚至"垃圾信息"的回收站，给我们的决策质量、行动质量造成负面影响。

读到这里，你可以放下本书思考一下：我是否有"信息成瘾"的迹象？比如不停刷新闻、看短视频等。如果没有，那么值得庆祝；如果有，也不用担心，因为只要觉察到问题，就是改变的开始（下篇文章会分享几条好用的原则，帮你避免信息成瘾）。

打破信息茧房

除了"避免信息成瘾"，要想获取优质信息，摆在我们面前的第二个挑战是：打破信息茧房。

提起信息茧房，很多人并不陌生。这个概念最早出现在哈佛大学教授凯斯·R. 桑斯坦（Cass R. Sunstein）的《信息乌托邦》[2]一书中，指的是人们形成的一种信息过滤系统，这种系统会使一个人只愿意接受自己熟悉的信息，而看不到其他重要信息——就

---

1. Neuroscience, Information addiction: How information is like snacks, money, and drugs to your brain, https://neurosciencenews.com/information-addiction-brain-14274/, June 19, 2019.

2.〔美〕凯斯·R. 桑斯坦：《信息乌托邦》，毕竞悦译，法律出版社 2008 年版。

像把自己关在一个茧房里，短期来看十分满足，长期来看却是作茧自缚。

你可能觉得，这个概念并不新鲜，为什么还要拿出专门的篇幅来讲呢？

原因之一在于，信息茧房不是了解了就能规避的东西，需要你保持高度的觉察。

为什么这么说？来做个简单的实验：试着低头往下看，你能看到自己的鼻子吗？你会发现可以。但为什么平时"看不到"呢？这是因为大脑选择性地忽略了这一信号——虽然眼睛能看到很多东西，但由于大脑注意力有限，只能关注部分重要信息。同样的道理，虽然我们可能了解信息茧房，也想逃离信息茧房，但由于大脑配置不够，导致我们的注意力带宽有限，因此大脑逢事便会采取"低电量"模式，自动忽略许多信息，而不会特意通知我们。

重要的是，这种"省电"模式会让我们容易选择性地回忆和搜集有利细节，忽略不利或矛盾的信息，以支持自己的想法或假设——这就是"确认性偏见"。

举个例子。我2014年创业的时候，行业内普遍信奉"硅谷模式"，关注快速增长、融资、烧钱和规模。身处创业大潮中，那时候的我只愿接受和"硅谷模式"一致的叙事。当被妻子问到如何盈利的时候，我会引用各种科技媒体上的案例，给她讲Instagram（照片墙）等产品如何快速增长、如何拿到融资……她听完还是不解：如果产品不挣钱，靠什么养活团队、给投资人带来回报？每每至此，我们的讨论就不欢而散。我固执地坚信，这次创业只要把规模做大就好，不用考虑什么商业模式问题。

又比如，到了2015年年末，整个资本市场已经开始变得谨慎，许多公司都开始储备过冬的资金。而我们团队当时依旧认为，只要产品做得好，总会有人来投资，不用主动出去谈，并且总能举出许多投资人争相打钱的项目来给自己加油鼓劲。当然，毫无意外地，最终结果并不好。

回头看看那会儿，我基本上是"带着错误的偏见看世界"，把所有不利于自身认知的信息都屏蔽掉，给自己造了个小茧房，任外界风吹雨打，我都要固执向前——只不过，现实最终会啪啪打脸。你看，那时候的我并非不了解信息茧房这个概念，但即便如此，还是会一不留心就深陷其中。因此，我们需要对信息茧房保持高度的觉察。

原因之二在于，信息茧房的影响之大，可能远超我们的想象。

举个例子。2018年我就职于互联网在线问诊平台时，皮肤科是一个很不受重视的科室，无论从全国的医生数量还是患者数量来看，这都是一个"需求不大"的科室。相对来说，糖尿病、内分泌疾病等疾病的病例数量逐年上升，治疗需求很大。那时候，这些信息几乎在每个专业报告里都有提及，好像没什么问题，但真等挨个访谈用户后我们才意外发现，此前的我们都陷入了信息茧房，并且错得离谱。

原来，那些专业报告都是站在"医疗"角度进行的分析，很少关注到"爱美"这种需求——实际调研中我们发现，那些被痘痘等皮肤问题困扰的人，如果拍张照片就能咨询医生，并能得到专业的指导，他们是非常乐意为之付费的。

正因为有了这段突破信息茧房的经历，以及从中获得的洞察，在后续的在线问诊平台大战中，我所在的平台很快找到了独特的市场竞争优势；而当时许多重点服务于糖尿病等重症、重疾的平台，都陷入了鏖战之中。

再比如，我们日常关注的思维工具设计领域，许多内容都会提到"标签"是一种古老的东西，新时代应该使用双链、白板等功能，来让思维更好地连接与呈现，所以有一阵儿我们也很焦虑，担心自己是不是在设计"过时"的东西。

但深入调研后我们发现，虽然"标签"这个概念已经出现了几十年，但还是有相当多的用户只知道文件夹，不知道标签是什么，更不了解标签的使用方式——打在开头还是结尾？打一个还是打多个？最多能打多少个？打错了怎么办？

这个发现让我们感到意外，与此同时，真实的调研结果也帮我们跳出了"标签已经过时"这一信息茧房。从那之后，我们回到原点，围绕标签做了许多功能介绍与引导，希望帮助更多人顺利地应用起来。反之，如果没有跳出信息茧房，看到一个更真实的世界，我们可能会为 flomo 添加各种复杂语法、格式、星图、脑图……然后拼命增加人手，进而融资、烧钱，最终被历史的车轮碾过。

哲学家黑格尔说过一句很有名的话："人类从历史中学到的唯一教训，就是没有从历史中吸取到任何教训。"读到这里也请你琢磨一下，过去有多少时刻，你也曾被困于信息茧房之中，努力挣扎后才意识到，原来是它在捣乱。

不过也别后悔和自责，还是前面说的那句话，只要觉察到问题，就是改变的开始。

小结

无论是"避免信息成瘾"还是"打破信息茧房",都是希望提醒你,要对自己获取信息的环境保持觉察,只有这样,你才有可能变被动为主动,掌握获取信息的主动权,进而做出更好的决策,用有价值的行动影响现实世界。

接下来,本书将为你提供三个原则,帮你设定边界,反客为主;还会提供三个建议,帮你用"加法""减法""乘法"三种方法,重新建立和信息之间良好的关系,真正获取优质信息。

三项原则，掌握获取信息的主动权

前文提到，面对"如何获取优质信息"这个问题，我们首先应该思考的是，如何夺取主动权，避免信息成瘾，跳出信息茧房。

有了这个意识，具体如何做呢？接下来我会跟你分享我和Light在实践中总结出来的三条原则，希望对你有启发。当然我们更期望的是，你能在未来的实践中形成自己的原则，牢牢掌握主动权。

不必成为全能专家

获取优质信息的第一条原则叫作：不必成为各个领域的"全能专家"。它的核心要义在于，主动为你的注意力设置边界。你可能会问，大家都说要"拓展"认知边界，为什么这里反而强调要"设置"边界呢？

因为我们在拓展认知的时候，很容易陷入一个误区：把有限的注意力当作无限的资源来用。但事实并非如此。如果不为注意力设置边界，我们很容易被各种知识所吸引，从而忽略了真正应该精进的领域。

如何解决这个问题？我们的建议是，你可以告诉自己：作为普通人，我不可能在各个领域都成为专家。所以在获取信息问题上，多数时候，这样就好，够用就行。

比如在信息时代，我们日常使用电脑办公，但大多数人只需掌握基本使用方法、熟悉常用办公软件即可，并不需要学习编程知识，甚至了解计算机原理——那是软件工程师或计算机科学家要精进的领域。

关于这一点，Light做过一个有趣的比喻：局部最优的叠加，总是导不向全局最优。这就像爬山，你要登上最高峰，最好的办法肯定不是把每座小山坡都登一遍，而是先找到最高的山，再去攀登。获取信息也一样。你不必在每个领域都成为专家，更不要做皓首穷经的学究，选择一个或几个核心领域精进就好。

这不是一种无奈的妥协，而是一种主动的选择，让自己专注于最值得精进的核心领域。

以具体问题为牵引

获取优质信息的第二条原则叫作：以具体问题为牵引。它的意思是，不要漫无目的地获取信息，看到什么记什么，被信息的洪流所淹没，而是要化被动为主动，从自身目的出发，以"待解决的问题"为牵引。

这是我从好友刘飞那里获得的一个启发。大概2022年起，刘飞和我就频繁地讨论AI在产品中的应用，当时虽然看了许多相关的文章、产品分析、论文等，但由于没有什么明确的目标，许多内容看完就看完了，我们对AI的理解依旧很肤浅。后来机缘巧合下，他开始研究如何用AI生成图片，更具体地说，如何用Midjourney这个程序生成图片。

研究过程中他发现，自己要解决的问题变得非常具体——不是AI的发展历史，也不是AI的未来趋势，而是"如何通过调整提示词（Prompt），让Midjourney生成更好的画面？"带着这个问题去搜集信息，他的思路就变得非常清晰了，因为暂时只需要聚焦于如何理解和优化提示词相关的内容，其他过于形而上或者技术类的内容都可以先放在一边。

这样聚焦后，他很快就将咒语一样的提示词拆解为"内容描述 + 风格描述 + 属性描述"以及各种系统参数，生成的图片不但质量更高，也更贴近他脑海中的画面。

你看，"以问题为牵引"其实是聚焦一处，让我们找到搜集信息的切入点。问题越具体，你搜集信息的思路就越清晰。比如，"AI是否会让人失业"是一个很大的话题，如果你能找到一个更具体的切入点，比如"AI在Excel表格处理上有哪些发展，会不会替代一部分工作"，你搜集信息就会更好下手，思路也会更清晰。

重要的不是答案，而是一个好问题。而所谓"好问题"，其实源于你自己，源于你的经历、你的偏好、你的期待、你的兴趣……只有拿着自己的真实问题去搜集信息，才算掌握了获取信息的主动权。

主动监控，保持质疑

获取优质信息的第三条原则叫作：主动监控，保持质疑。它的意思是，对于搜集到的信息，无论是书里的名言也好，还是专家的建议也好，我们都不要被动地默认接受，而是要主动在大脑里增加一道监控程序，对它们保持质疑。

你可能觉得，这个建议说起来容易，做起来难，毕竟我们注意力有限，不可能监控所有信息。针对这一点，我有个小技巧分享给你，你可以提前设置一些"触发词"，重点监控这些词语，比如"绝对""肯定""一定""永远""所有"……当这些"言之凿凿"的词语或语气出现的时候，你就要多问一句："真是这样吗？"让自己重新审视信息。

举个例子。近些年，随着"内卷""996""工具人"等话题被讨论得越来越多，很多人有一个观点，"每天重复的工作一定不是好工作"。但这是真的吗？人类学家项飙对这个观点保持质疑，并重新审视了"什么是好工作"这个问题。在他看来，好工作非但不是"不重复的工作"，反而是"你不怕重复做的工作"。因为大的事情和好的事情，都是不断重复的。只有在这个过程中，一个人才能在特定领域不断深入，和他人不断连接，最终汇聚成大事。[1]

很多年轻人之所以抗拒"重复的工作"，不是因为"重复"本身，而是因为"意义的贫困"，即看不到工作产生的意义是什么。加

---

1. 青年志 Youthology：《项飙谈 996 和异化：城市新穷人不是经济穷人，是意义贫困》，https://mp.weixin.qq.com/s/ipslqqL-OCYcSMM7tGbFgQ，2023 年 9 月 1 日访问。

上大多数人不是在拼命工作就是在拼命消费，根本没有时间停下来思考意义，就会陷入更加恶性的循环。你看，当你问出"真是这样吗"，就会发现"好工作"也是重复的，重要的反而是去寻觅工作的意义。

除了提前设置"触发词"，如果你想更进一步，我还有第二个技巧分享给你。面对来自他人的经验，你可以设置一个监控问题：这个经验的完整逻辑是什么？适用场景是什么？只需多问一句，你就有可能收获完全不同的信息。

一个典型使用场景是金句。比如，巴菲特有句著名的话："别人贪婪时我恐惧，别人恐惧时我贪婪。"这句话有道理吗？有，逆向思考往往有意外收获。但它适用于所有场景吗？并不。因为别人贪婪并不意味着高估，别人恐惧也不代表着低估。如果我们只是记住这句话，然后据此去投资，大概率也是血本无归。[1]

而如果我们能多问一句：这个经验的完整逻辑是什么？就可能得出如下答案：

1. 价格（市场情绪）和价值是两个独立值；
2. 市场情绪往往极端演绎，于是价格也总是偏离价值；
3. 当市场情绪极端时，不妨试试逆向思考，或有机会；
4. 别人的贪婪和恐惧，只是一种信号，而非标准。

你看，在他人分享的经验里，通常隐藏了许多背景信息及其适用场景。因此，我们不妨多问一句，获取更多有价值的信息。

---

[1]. Loudly Thinking：《启发式》，https://mp.weixin.qq.com/s/65AKoWz 4pQpf6vbHRg G8g，2023 年 9 月 1 日访问。

做到了这一点，我们就不会止步于看似深刻的金句或经验，而是能够主动切换场景，不断跳出自己的立场，降落在粗糙的地表上，看到其他视角的考量，从而打破信息茧房。

最后提醒一点，"质疑"不等于"抬杠"。具体来说，"质疑"的目的在于提出问题、解决问题，而"抬杠"则是为了赢得辩论，证明自己是对的、别人是错的。注意不要陷入抬杠的误区。

小结

正如瑞·达里欧所说："原则是根本性的真理，它构成了行动的基础，通过行动让你实现生命中的愿望。"[1]

"不必成为全能专家""以具体问题为牵引""主动监控，保持质疑"——这三条原则的核心思路，都是帮你掌握获取信息的主动权，用来达成自己的目标，而不是把自己的大脑变成他人思维的跑马场。

---

1. 〔美〕瑞·达利欧：《原则》，刘波等译，中信出版社 2018 年版。

建议一：
做减法，削减你的信息源

掌握三项原则之后，要想获取优质信息，你面临的下一个问题是"如何寻找优质信息源"。关于这个问题，我们根据自己的实践经验总结了三条建议分享给你，分别是做减法、做加法和做乘法。

第一条建议可能有点反直觉，因为它不是教你如何做加法，增加信息源，而是帮你做减法，削减你的信息源。为什么要这么做？这是因为在我们看来，做减法比做加法更基础，也更重要。

我们不缺信息，而是缺乏注意力

现在想一想，你每天早上打开手机，是不是都会迎来一场"信息海啸"的洗礼？打开微信，各种群聊中充斥着要看的或者要回应的信息；打开各种资讯类 App，热榜、弹窗扑面而来；打开微博，发现刚关注的大咖又分享了几个新认知……你想主动找点自己关心的信息看，却发现自己依旧会陷入无尽的信息海洋，无论是升学考试的建议，还是某个空气净化器的评测，好像都有道理，却让人越看越焦虑，看完反而更纠结了……

仔细想想，今日稀缺的并不是信息，而是我们的注意力。

老子说："为学日益，为道日损。损之又损，以至于无为。"翻译成大白话就是：追求知识的人，每天都会增加一些知识；追求道的人，每天都会减少一些欲望和杂念。减少到一定程度，就达到了无为的境界。

在信息获取上也是如此，对我们每个人来说，当下重要的不是获取更多信息，而是避免过载；不是任由信息掠夺我们的注意力，而是减少不必要的打扰。只有这样，才能让自己更加专注于有价值的信息。

三个方法，帮你评估削减哪些信息源

那么，具体怎么做呢？很多人可能会告诉你，去看有没有专家背书、权威推荐等。这些传统方法固然有效，但都是以外部标准为依据去判断信息的优劣。在这里，我们希望提供另外一个视角，即从"你"出发，看看信息是否值得关注。因此，我们从"信息是否有助于你的思考或行动"这个角度出发，总结了三个方法，帮你削减信息源。

削减利用你情绪的信息源

第一个方法叫作，削减利用你情绪的信息源。

什么是"利用你情绪的信息源"？比如，"震惊！会被

ChatGPT取代的30个岗位，其中有你的吗？"类似这种标题的信息，我们每天或多或少都会看到一些。

先想想，如果允许自己被输入这样的信息，你最终会获得什么？答案是，一团陡然而生的焦虑情绪。再想想，这样的情绪对你有什么用？能帮你更有效地思考吗？能指导你更好地行动吗？大概率都不能。

这是因为，很多试图激起强烈情绪的信息，其目的往往是利用我们的情绪获得点击量或阅读量。发布者达成目的拂袖而去，却在无形中夺取了我们的注意力。不仅如此，这类信息还有一种危害，那就是让我们绕开理性思考，做出非理性的判断或决定。

你看，一个信息源，如果只是为你带来情绪上的波动，而不是促进你的理性思考或行动，那么它背后大概率有不太好明说的目的——要么希望夺取你的注意力以获得点击量，要么希望以此"带节奏"。无论哪一种，对你都无益。

所以不妨现在就想想，你每天接收到的信息是不是包含震惊体或类似变体，常常让你义愤填膺、妒火中烧，或者充满焦虑？如果有，建议你不要犹豫，找出这些信息源，并大胆把它们从你的列表里删除。

削减让自己过于舒适的信息源

除了削减利用你情绪的信息源，削减信息源的第二个方法叫作，削减让自己过于舒适的信息源。

这一点是我们从好友Mien身上获得的启发。有一次和Mien聊天，她说她会取关一些让自己读起来很舒服的公众号。这让我们很好奇，既然读得舒服，那就继续读呗，为何要取关呢？

她回答说："觉得舒服，意味着这些内容或观点你已经很熟悉了，但同时也意味着没有增量信息，只是情绪按摩。如果接触的信息源都是让自己很舒服的，那么长期下来，我们就会疏于关注舒适圈以外的信息，培养出某种惰性。"

仔细想想确实如此。很多熟悉或认同的信息，固然能让我们感到舒适和安心，但温柔乡自有其代价——就像Mien说的那样，长期关注让自己过于舒适的信息源会培养某种惰性。更进一步说，这样的惰性对我们思考或行动不利。

怎么识别"让自己过于舒适的信息源"呢？一个简单的办法是，问自己一个问题：这则信息能让我获得什么样的新知或启发？比如，你读了一篇文章，标题叫作《高效能人士都会关注的五个细节》或者《上进的人都在遵循的十条法则》，这时候问问自己：这篇文章给我带来了什么新知或启发？如果你发现，这些信息只是让你觉得"没错，我就是这样的高效能人士"或者"你看，我就是这样上进的人"，它大概率属于让你过于舒适的信息源。

再比如，一个以早起为荣的人，还在关注那些天天说早起有好处的信息源，大概率是在获得自我认同；我之前创业时只看硅谷那边的科技新闻，而不去看身边发生了什么，也只是在强化自己的认知偏见而已。

"让自己过于舒适的信息源"乍一看似乎没什么太大的伤害，却在不知不觉间占用了我们的时间和精力。而我们本可以用这些有限的时间和精力去获取更丰富的信息，继而进行更全面的思考，采取更有价值的行动。

削减缺乏具体事实的信息源

削减信息源的第三个方法叫作，削减缺乏具体事实的信息源。

何谓事实？事实指的是客观存在，并可以被证实的信息或情况。比如"水在标准大气压下达到零度会结冰"，这就是一个事实，不受个人感情、偏见或观点的影响。但许多时候，我们获取到的信息只是伪装成事实的观点而已。比如，许多对大公司、知名产品和名人进行分析的文章中，都充斥着大量的观点。这些文章搭配一些春秋笔法，让人读起来就像看小说一样过瘾，但实际上并没有提供任何事实。我们如果把这样没有依据的观点当作事实，就会造成许多决策失误。

记得曾经有位候选人在面试时提到，他把某产品论坛上所有我们这个在线问诊平台的分析帖都看了一遍，认为我们有几个地方最值得改进，比如不需要让用户选择是否复诊，问诊人信息要求过于详细，处方有效期太短，等等。

但事实上，这些看似不合理的设计，并不是我们视而不见，而是法律法规要求如此。那些论坛上的所谓"产品分析者"，往往并不了解医疗行业，仅根据自己的经验，结合表面的功能流程，就洋洋洒洒发表了一番观点。就像那位候选人，他没有进一步核对那些帖子究竟是事实还是观点，就基于看到的信息做出了进一步的推演，最终白费了许多力气。

所以，如果一个信息源中充斥着大量这样主观的"观点"，鲜有具体的事实，那么这个信息源大概率并不可靠。

那么如何判断信息源中是否含有事实呢？你可以观察里面是否包含具体且长期的实践，以及作者的判断是基于上述实践，还是粗暴的主观判断。比如，如果你有兴趣读铃木敏文的自传，你就能感受到事实的力量，像是下面这一段：

> 我曾让工作在第一线的店铺经营顾问前往加盟店调查面包的备货情况，发现受欢迎的面包品种经常会销售一空，处于缺货状态。如果在卖方市场的时代，这根本不成问题，因为顾客会选择其他品种的面包。但是，在买方市场的时代，消费者只会购买他们真正想要的产品。如果放任缺货问题不管，将会反复出现机会损失。这里的机会损失是指"本来可以售出的产品，却因为备货不足而丧失了销售机会"。

所以你看，最厉害的思想家都是实践者，一如王阳明、马可·奥勒留、李光耀等。也正是因为他们留下的信息里包含了大量亲身实践的事实，那些信息才能穿越时间，被我们这些后人反复揣摩，让我们从中受益。

拥有具体的事实，一方面可以让我们深入了解一个事物，获得新的认知，而不仅仅是知晓某个未经验证的"观点"；另一方面也可以让我们根据这些事实，或交叉对比，或结合实践，对其进行证明或证伪。只有这样，我们才能在专家、权威等他者的背书之外，培养出自己对信息源的评估能力。

如果你发现自己一直关注的信息源中充斥着作者的主观臆断，而鲜少有事实依据，那么请大胆将其删除。

小结

  常识非常识。提起获取优质信息源,大家的第一反应往往是做加法,增加新信息源,但实际上我们不妨先做减法,削减信息源。在削减信息源时,请记得一句话:越低级的信息,越是充满了主观判断和结论,以此降低接收者的思考难度;而越是高级的信息,越是充满客观事实,尽量避免下判断,将判断的任务交给接收者。

  当然,削减信息源只是手段,而不是目的。我们的真正目的是让注意力得到保护,以便在经过筛选的信息源中,找到更有价值的信息。

建议二：
做加法，增加书本之外的优质信息源

如果把削减信息源的方法反过来看，我们也就得到了做加法，也就是增加信息源的方法，即寻找那些有事实依据、能挑战过往认知、让自己不要过于舒适的信息源。

对此，我想聪明的你早已意会，因为这些确实是朴素得不能再朴素的方法。所以本文不打算把上述内容再讲一遍，而是想重点聊一聊，我们该如何获取书本之外的优质信息。

提到"获取信息的渠道"，你的第一反应是什么？是不是书本、论文等成体系的内容形式，而不是"书本之外的信息"？其实这种现象十分普遍，因为我们花了至少十几年的时间在学校里学习，获取知识最主要的途径（即主要信息源）都是书本，以及老师教授的课程。这种获取信息的习惯，在我们离开校园后继续默默影响着我们。但其实，要想解决真实的问题，应对真实的挑战，书本信息并不是万能的，其中也存在一些问题。

书本之外也有黄金屋

书本信息存在的第一个问题是，不够及时。稍微靠点谱的书籍，从开始写到出版，至少要一年。如果你想获取比较前沿的信息，书本无法满足你。

还记得2010年第一次拿到iPad的时候，作为设计师的我，完全不知道该怎么在这种"大屏幕"上设计App——是该横着设计，还是竖着设计？是参考杂志的设计左右分栏，还是把手机App放大一些？其实不只是我，当时全世界的设计师都在思考、尝试、讨论这些问题。而在那个时候，最优质的信源显然不是书本——iPad刚刚问世，不可能有已经出版的书籍供我们参考。

所以我和团队采用了一个笨办法，从App Store（苹果应用商店）把排名前100的App下载下来，挨个分析设计思路，然后自己动手设计产品，抱着iPad在各种环境下做测试，比如沙发上、地铁上，等等。一次一次碰壁，一点一点改进。通过这样摸索，我们占领了先机，多次获得App Store的推荐。如果等到有相关书籍再去学习，我们恐怕早就被时代落下了。

书本信息存在的第二个问题是，我们从书本上读来的大多数是理论。但凡理论，都有适用范围的限制。理论上，理论应该指导实际；但实际上，理论和实际总是不一样。也就是说，理论知识未必符合实际。

举个例子。我从事医疗行业的时候，听一位著名的儿科医生讲过一个发生在他自己身上的故事。一天，有位家长带着孩子来看医生。孩子的皮肤不知道怎么回事，突然红肿瘙痒，家长带他看了好多次医生，用了各种药，都是好了几天又开始复发，始终无法治愈，于是被转诊到这位儿科医生这里。

儿科医生仔细查看了孩子曾经的用药，以及之前医生的诊断。理论上说，之前的治疗符合正常标准，不应该反复发作，那到底是怎么回事呢？会不会有其他可能？紧接着，这位儿科医生仔细观察了孩子红肿的地方，发现集中在手腕、手肘、膝盖部分。于是他问家长，最近孩子有在地上爬吗？家长说，孩子经常爬出垫子区域，满屋乱转。他又问，你们家的地板最近使用过清洁剂吗？家长说，最近换了阿姨，她倒是经常清洁屋子。儿科医生继续追问了几个细节，最后叮嘱家长，一定记得让阿姨拖完地之后，再用清水拖一遍，因为问题可能出在清洁剂上。家长回去之后，让阿姨暂停了地板清洁剂的使用，孩子的皮肤问题果然没有复发。

我们很好奇：为何这位儿科医生能精准预测到孩子皮肤红肿是清洁剂导致的？他说，治病不能照本宣科，必须联系实际情况，如果只是僵化地应用书本知识，而不去了解患者自身情况及其所处的环境，大概率没法彻底解决问题。这个清洁剂问题是他在遇到好几次类似情况后总结的，而这种情况书上一般不会提及。

你看，上面这个故事里，患者的家庭卫生习惯，是医生做出决策的重要依据，而这个信息是书本上没有的。其实不只是医生，书本之外的信息，是我们每个人都要关注的，它并非锦上添花的可选项，而是不可或缺的必选项。

那么，怎么才能获取书本之外的优质信息呢？以下两个方法供你参考。

方法一：把他人作为信源，听实践者言

第一个方法是，把他人作为信源，听实践者言。简单来说，就是听那些真正实践过的人们，讲述他们所经历的事实。

我自己就有一个真人名单，时不时会去找名单上的人聊天请教。比如遇到公司经营和投资问题，我就会去请教有知有行的创始人孟岩，因为他在价值投资领域和经营公司方面已经有十几年的经验。

我依然记得当时和Light犹豫要不要出来创业做flomo，孟岩在他办公室里，给我们讲了他创业的种种过往，以及如何看待我们这次创业，他对此的思考是什么。正是这些信息，让我们对这次创业有了更多勇气和信心，也知道了有哪些需要小心规避的事情——这是看再多书也得不到的信息。

你可能会问，如何获得这样一份名单？其实首先要做的不是去添加好友，拓展社交圈，而是先花心思把问题准备好。因为即使你不认识相关领域的人，对于真正擅长的人来说，一个有挑战的具体问题，大概率也能激发他们的兴趣。所以我建议你，先把问题准备好，再发邮件或加微信求助，这样做往往会有意想不到的收获。

那什么才叫一个好问题呢？举个例子。你想知道如何在海外推广产品，不要直接问对方"你们怎么做海外推广的啊"。你可以问得更具体一些，甚至可以先分享一些自己的观点和经验，比如："你们在海外推广产品时，主要用了哪些付费推广渠道、哪些免费渠道？我们的做法是……你们怎么看？"一个好问题，一方面要能提供丰富的背景信息，另一方面要有清晰的边界，越具体越好。

当然，来而不往非礼也，我们不能只索取不给予。针对这一点，我有一个小习惯——我会在获得好答案的同时，也让对方知道自己擅长的领域，以便成为对方的重要信息源。千万注意，别把对方当作搜索引擎或者 ChatGPT 来使用。

把他人作为信息源时，如果你想获得更优质的信息，还有三个要点需要注意。

第一个要点是，听实践者讲述事实时，留意他在叙述过程中提及的细节。

你会发现，其实真正了解大局的实践者并不会天天谈论宏大的叙事。他们充分了解一个又一个看似枯燥的细节，并且通晓这些细节之间的微妙关系。如果有兴趣，你可以去读一读巴菲特每年写给股东的信。你会发现，他不是靠着踢踏舞、看报纸和喝可乐就成了股神，而是对整个投资市场了如指掌。他从枯燥的细节中反思过去，并挖掘新机会。而对我们来说，这些充满细节的事实信息，远比那些充满戏剧性的宏大叙事更有启发。

"把他人作为信息源"的第二个要点是，听实践者讲述事实时，重点听他如何复盘失败的经历。

一件事情的成功，需要天时、地利、人和，往往很难复制，或许连当事人都解释不清楚。反之，一件事情的失败，或许只是源于某个操作的失误，而我们能通过这些经验避免失败，提高自己的成功率。正如查理·芒格所说："最好是从别人的悲惨经历中学到深刻教训，而不是自己的。"

比如我们做 flomo，之所以坚决不融资，确保 100% 的独立，便是因为见过太多刚开始很优秀的产品，因为融资而被资本绑架，最终导致动作变形，比如出卖用户隐私换取广告收入。后续看他们的复盘，都是后悔不该在没有验证商业模式的情况下引入资本。

"把他人作为信源"的第三个要点是，如果你暂时没有机会跟一些名人面对面交流，在浏览有关这些人的信息时，尽量不要看第三方的叙述，而要看他们自己写的文章或接受的访谈，确保拿到第一手信息，而不是演绎过的。

举例来说，我长期关注的人有 Notion 的 CEO Ivan Zhao，Stripe 的 CEO 帕特里克·克里森（Patrick Collison），Hey.com 的 CEO 大卫·海尼梅尔·汉森（David Heinemeier Hansson），Stack Overflow 创始人乔尔·斯波尔斯基（Joel Spolsky），常青笔记的发明者安迪·马图沙克，人类学家项飙，哲学家王德峰、陈嘉映、刘擎等。我关注这些人的方式不是看第三方转述，而是建一个表格，把他们的社交网站或访谈资料整理进去，定期学习这些一手信息。如果你有兴趣，也可以创建属于你的关注名单，并整理关于他们的一手信息。

方法二：把自己作为方法，下场去实践

获取书本之外优质信息的第二个方法是，把自己作为方法，下场去实践。

过去一说到获取信息，大部分人会想到书本，小部分人会想到他人，但极少有人想到自己。但其实，在对你来说最重要的事情上，你自己的实践经历，才是最宝贵的一手信息。那么，如何获得这样的信息呢？主要有两个途径。

第一个途径，去现场观察。

回顾十几年来的产品设计生涯，我发现许多有价值的信息并

非来自书本，而是源自我亲身参与的现场调研。这也是为何日本管理大师稻盛和夫说：工作现场有神明。

举个例子。7-11创始人铃木敏文曾经分享过一个"夏季关东煮，冬季冰激凌"的故事。根据常识来看，夏天那么热，谁吃得下关东煮？冬天那么冷，谁还爱吃冰激凌呢？所以许多便利店在天暖时把关东煮撤下，在天冷时减少冰激凌供应。

如果不去现场，大家会觉得这一切都很合理。但只要夏天在办公室待过你就会知道，因为一直开着冷气，人的身体会发冷，所以会想吃热东西；而到了冬天，由于办公室一直开着暖气，人反而会浑身发热，吃个冰激凌也不是什么离谱的事。正是这种在现场的观察，让7-11能反其道而行之，提供"夏季关东煮，冬季冰激凌"的服务，开拓出了新市场。

当然，去现场不是随便看看，而是要秉承丰田管理模式中提到的"三现主义"，即要到现场去，亲眼确认现物，认真探究现实是什么——想想名侦探柯南，或许你就能理解去现场的意义有多大、要求有多高了。

第二个途径，Skin in the game，投入时间，投入金钱，让自己有"切肤之痛"。

第一次创业前，我看了很多关于创业的书籍、课程。本以为自己准备得差不多了，但纵身一跃我才发现，那点书本上的知识根本不够用。就拿最基本的来说，创立公司该去哪家银行开基本户？这个问题在我看过的创业书籍里都没有提到，却是必须解决的。当然，这只是开始，随着创业的逐步深入，我进一步发现，到处都是分分钟"教你做人"的事情，但与此同时，我也收获了许多在书本、课堂上学不到的知识。

小结

读万卷书，也要行万里路。

在校园时代，我们获取信息的主要渠道是书本，所以更要小心思维定式，不要把自己关在象牙塔里，忽略了书本之外丰富的实践知识。就像你不可能通过观看游泳视频就学会游泳，你同样也不可能通过观看创业书籍学会创业。

只有主动请教他人、听实践者言，我们才能了解更多真实细节，知道要尽量避开哪些坑；而在抵达现场、让自己有切肤之痛时，我们才能更好地理解实践者们所说的那一切。

建议三：
做乘法，用多重视角看待信息

前文提到，为了获取优质信息，我们可以做减法、做加法。这样做了之后，你会拿到更多真正的优质信息，但这时候你会发现一个新问题：面对同一条优质信息，不同的人获取的信息量并不相同，这是为什么？

其中一个关键区别在于，这个人会不会"做乘法"。会做乘法的人，可以从一条信息里获取 N 份价值，达到 1×N 的效果。而 N 的大小并不取决于信息本身，而是取决于获取信息的人拥有多少看待信息的视角。

为何视角有这么大的价值？我们先来看一个例子。

曾经有段时间，我想创业开一家线上便利店，但苦于没有相关的运营、管理经验，不敢盲目开店。思来想去，我决定去应聘一家知名连锁便利店的店长，认真学习一下如何经营一家要运营众多商品的店铺。

一番面试后，我被通知和一些来实习的年轻人一起去参加储备店长培训。培训过程中我就发现，面对同样的信息，一个人拥有的视角越多，那么他收获的有价值的知识就越多。

比如在学习如何使用关东煮机器时，如果只是带着店员视角，那么你获得的可能只是如何给机器开火、如何清洗机器之类的知识；而如果你能同时为自己预设一个经营者视角，那么你就可以通过观察和提问获取更多信息。例如关东煮食材保质期往往比较久，这样报损率才低；不同食材在滋味上要能相互促进，有的负责放味，有的负责吸味，这样做出来才好吃；机器的操作步骤要非常简单，不要求什么厨艺，这样才能降低招人的难度……

不仅如此，你还可以从供应链管理人员的视角看，关注每种食材的供应者是谁，成本有多少；你还可以从人力资源管理的视角看，关注如何采用更标准化的机器来降低培训难度，等等。

你看，面对同样的信息，如果只拥有店员这一种视角，那么你只能获取极其有限的知识；而如果能从多个视角来观察和理解眼前的信息，你就能获得N份知识。

你可能会觉得，拥有多元视角固然有益，但转换视角并非易事。确实，就像并不是会背微积分公式就能熟练应用那样，转换视角也需要我们不断练习。以下是三种常见的练习方法，希望可以帮你从0到1，学会转换视角。

方法一：考察概念

第一种转换视角的方法是"向下看"，挖掘"地表以下"的信息。其中很典型的一种应用叫作：考察概念。

关于考察概念这件事，Light 提过一个观点："即便是简单的信息，一旦对其进行概念层面的考察，我们也可能会发现，自己其实对它一无所知。"

举个例子。Light 曾经和团队成员一起排查某业务的潜在风险，讨论到某个风险点时产生了争议——A 认为风险很小，B 则认为风险很大。Light 听他们争论了一会儿，终于听懂争议点：那个风险发生的概率很小，但风险发生后的危害极大。A 和 B 虽然同样使用了"风险"这个概念，表述的却是不同的含义，A 想表达的是发生的概率，B 想表达的是发生后的危害。界定清楚概念后，他们明白了原来自己和对方并无冲突，反而互补了事实。

所以，每一次将模糊的概念界定得更精确，我们对客观事物和客观规律的认识就会更加深入，面对同样的信息，我们也能向下挖掘出更多有价值的东西。

比如 2023 年年初，许多人都在探讨"ChatGPT 是否会替代自己的工作"，相关信息多如牛毛。如果只盯着问题的表面，我们心里肯定恐慌。但其实在哲学家维特根斯坦看来，我们应该先问"是什么"，再问"是不是"。

维特根斯坦所说的"是什么"和"考察概念"很像。如果仔细考察上述问题里的概念，你会发现许多模糊的地方：

1. "ChatGPT"指什么？是指 ChatGPT 这个应用，还是指 ChatGPT 背后的 GPT-3、GPT-3.5 或者更先进的技术？是专指以 GPT 为代表的 LLM（大语言模型），还是泛指 AGI（通用人工智能）？

2. 替代什么样的"工作"？是文员、律师、作家、教师？还是程序员、导演、记者？这些工作有何异同？

3. 以什么样的"方式"替代？是直接碾压式替代，还是渐进式替代？是彻底替代，还是只能替代一部分？

4.……

如果不能清楚地界定这些概念，那么一个人就算花再多精力去解答会不会被替代的问题，也很可能是缘木求鱼。

让我们继续聚焦于GPT这个概念，GPT本身是Generative Pre-trained Transformer的缩写，指一种特定的大语言模型。这意味着它并不是先知，也不是搜索引擎，而是根据概率让所有的对话能"继续"下去。了解到这一点后，我们就不应该指望2023年年初的GPT能够给出大量靠谱的决断，反而要考察它给出的答案是正确的还是胡编的。

进一步考察，我们会发现2023年年初的GPT更像是一个聪明的本科大学生，可以像助理一样帮我们提供参考信息，但不能独立完成工作。考察到这一步，我们也就不再那么恐慌了，而是要思考：这么好的助理能帮我做什么事？

你看，如果我们不搞清楚关键概念就行动，比如马上创业，all in（全部押进）LLM，或者立即报名ChatGPT培训班，看似努力，却容易迷失其中。而如果提前把概念考察好，我们就会发现更多背后的信息，发现一片新天地，提出更多好问题。

Light曾总结说："概念考察是任何有效思考的基石。"之所以这么说，是因为只有带着"向下看"的视角，对关键概念进行考察，我们才有可能挖掘出足够充分的信息，以支撑我们做出清晰的思考和靠谱的决策。

方法二：寻找范式

第二种转换视角的方法是"向上看"，抽象一层，寻找可迁移的范式。

何谓范式？简单来说就是各个领域里被大家公认的观念、理论或方法。面对同样的信息，如果能带上"寻找范式"的视角去看待，你会发现，很多信息看似和自己关系不大，却也能带来宝贵的启发。

举个有趣的例子。我们都知道，传统动物园大多会把动物关在笼子里定点饲养。在这样的饲养模式下，动物们吃饱喝足就去睡觉了，这就导致观看者的体验不太好，很容易就看腻了，因此传统动物园逐渐式微。

面对这个问题，一般动物园的解决思路是，引进新动物，增加新鲜感。但日本旭山动物园的经营者没有这么想，而是思考了另一个问题：如何让已有动物展现出富有生命力的一面？

后来他们找到一个答案：请工作人员喂食的时候把食物藏起来。这样一来，为了寻找食物，动物们便会上蹿下跳，自然会展示出满满的生命力。不仅如此，为了防止动物厌倦，工作人员还要想方设法寻找新的藏食之处，让动物捉摸不透。除此之外，旭山动物园还会不断酝酿新的创意，持续推陈出新，最终成功转型为"看不腻的动物园"。

如果在报纸或网页上看到上述报道，你会有什么反应？这家动物园看起来不错？下次去看看？或者其他什么想法？在 7-11 便利店的创始人铃木敏文看来，这套方法对经营便利店颇有启发。之所以这么说，是因为他关注到了这套方法背后的范式——用不变的"立场"搭配全新的"素材"。

铃木敏文关注到，对旭山动物园来说，"传达生命力"是不变的立场；而各种常换常新、快速起效的方法，就是"素材"。这对经营便利店有什么启发呢？铃木敏文认为，对7-11便利店来说，不变的立场是坚持"站在顾客的角度"思考问题，而"素材"则是便利店提供的不同服务和产品。

从这个角度看，便利店与动物园有个共通之处。便利店售卖的各种食物，比如便当或饭团，也是"容易让人生腻"的东西，而且食物做得越美味、精致，顾客越容易生腻；受旭山动物园的启发，便利店不仅要开发美味的食物，还要赶在顾客厌倦前开发出新产品，而不是躺在过去的功劳簿上睡大觉。[1]后来，7-11凭借这样的经营理念，扛住了一次又一次市场变化带来的挑战，成为全球便利店领域的明星企业。

你看，一旦懂得寻找信息背后的范式，我们就有可能在看似不相关的信息中，提炼出更大的价值。

再举个例子。今天，我们大多数人都知道"工厂流水线"是什么意思，但你或许不了解它是怎么来的。其实流水线的广泛使用，也和"寻找范式"这一转换视角的方法有关。

20世纪初，福特汽车的工程师威廉·克莱恩（William C. Klann）去参观位于芝加哥的斯威夫特屠宰场。他看到一头头牛先是被赶到一条传送带附近，然后被不同的工人按分工将其切开；一个流程完成后，送往下一个流程；从传送带下来的时候，整头整头的牛已经被分解为一块一块的牛肉——生产效率非常高。

1.〔日〕铃木敏文：《零售心理战》，顾晓琳译，江苏凤凰文艺出版社2015年版。

参观过程中，威廉·克莱恩并没有只关注屠宰场的生产过程本身，而是转换视角，寻找可被迁移使用的范式。他意识到，牛的屠宰过程和汽车组装过程很像，都是一个流程接一个流程，由不同工人完成。既然如此，汽车是否也能如此生产？福特汽车能否借用屠宰场的"流水线作业"模式呢？好消息是，他的想法被顺利采纳。从那以后，每辆福特T型车的装配时间从原本的700多个小时缩减到12.5小时，生产效率大大高于同时期竞争对手，也因此开启了一个新时代。

如果没有寻找信息背后的范式，那么铃木敏文和威廉·克莱恩看到的也仅仅是表面信息，而不会发现真正有利于解决自身问题的有用信息。

知道了发现范式的重要性，接下来的问题是，怎么才能发现有用的范式？

其实有个方法，我们在小学美术课上都学过，即在画画前，先把眼睛眯起来，忽略各种繁杂的细节，快速绘制大致形状。获取信息也是如此。面对优质信息，你可以先看它的主干，调动已有的认知抽象出其关键要素。比如，无论是动物园还是便利店，都是为顾客提供服务来获取利润的机构；无论是屠宰场还是汽车厂，都需要有不同的工人按照特定次序完成不同的生产环节……一个人的抽象能力越强，寻找范式的能力也越强，发现可迁移信息的机会也越多。

这里需要小心的是，所谓寻找范式，不是学会某些"大词"。我曾经面试过一位在大厂做公关的高管，他在面试期间不断强调"全媒体策略"这个词，规划了各种公交、地铁广告，却始终说不出到底要以什么样的频次和密度投放，以及如何衡量投放结果。所以，唬人的"大词"不是我们要寻找的范式，真正有用的方法或思路才是。

方法三：顺藤摸瓜

第三种转换视角的方法是"向四周看"，找到与你关注的信息相关联的关键线索。其中一种典型应用就是顺藤摸瓜。

我曾经有个不好的读书习惯，即讨厌看后记、附录、引文、注释等"边角料"信息。后来我发现，无论是书、演讲，还是文章，其中的每一条信息都不是孤立存在的，而是嵌在一个更大的知识网络里。而连接整张网络的，正是那些看似不起眼、曾被我看作"边角料"的信息。面对这些信息，如果能顺藤摸瓜去探索，我们会有更多收获。

除了附录、引文等信息，我还会特别留意自己所关注的信息中出现的"人""概念"和"事物"，把它们作为线索，顺藤摸瓜，探索更多相关信息。

举个例子。我和Light最早决定全职投入到"Tools for Thought"（思维工具）这个领域开发flomo，是因为被Notion的创始人Ivan Zhao的一篇访谈[1]所打动。他在访谈中说，自己没有发明新东西，只不过是把许多计算机先锋人物的理念实现了而已，而他口中的计算机先锋人物包括"计算机先驱"、发明了鼠标的艾伦·凯，"计算机先知"泰德·尼尔森（Ted Nelson）等。

1.Design News, AMA: Ivan Zhao, Co-founder/Designer of Notion, https://www.designernews.co/stories/73315-ama-ivan-zhao-cofounderdesigner-of-notion, June, 2023.

一方面，顺着他的推荐，我们探索了很多先锋人物的事迹，知道了他们如何思考自己所创造的工具，知道了现在大家熟悉的文件夹和文档是如何从打字机和文件柜演化来的，等等——这些信息直接影响了我们的产品设计。

另一方面，沿着这些人提出的"Tools for Thought"概念，我们找到了Zettelkasten这种笔记方法，也知道了尼克拉斯·卢曼这个人；紧接着，沿着Zettelkasten这种方法，我们又发现了在此基础上发展和迭代的各种笔记方法，比如常青笔记，并研究了这些方法的优势和不同。

这还没结束，沿着Ivan Zhao这个人，我们还发现了他的另一篇长文《为何我们没有发明革命性的工具》。他在这篇文章中提到一个观点：任何思维工具重要的都不仅仅是功能，而是改变人们的思维方式；而要改变人们的思维方式，不能只靠产品功能本身，还要有配套的"培训"。这个观点改变了我们过去十几年开发产品的习惯，从只关注产品转变为同时关注用户的思维方式，不但启发我们设计了flomo101这一帮助中心，甚至也促成了这本书的诞生。

你看，在那些真正高质量的信息里，往往还隐藏着更多高质量的线索。所以，下次遇到有价值的信息时，除了理解信息本身，你还可以试着跳出来，找找其中隐藏着哪些值得追踪的新线索，顺藤摸瓜，让一份信息发挥 N 份价值。

小结

计算机先驱艾伦·凯说："视角转换，等价于增加 80 点智商。"如果我们只有一个视角，那么所有信息只能提供一份价值；

而当我们学会用更多元的视角去看待信息，比如懂得向下看，考察具体概念；向上看，寻找可迁移的范式；向四周看，顺藤摸瓜寻找相关信息，那么我们就像掌握了乘法一样，可以让自己在一份优质的信息中获取 N 份价值。

记住哈维·费尔斯通（Harvey Firestone）说的那句话："如果一个人的全部信息都局限于他的工作领域，那么他的工作不会做得很好。一个人必须有眼光，他可以从书籍上或者人们身上——最好是两者兼有——培养眼光。"

心法篇

以我为主,
持续不断

4

PART FOUR
第四部分

以我为主

知识那么多，究竟该积累什么

前文"应用篇""记录篇""收集篇"分享了如何用笔记、如何记笔记、如何收集高质量信息的方法和建议。但我和Light深知，以上内容只能为你提供有限的帮助，因为记笔记不是一件孤立的事情，而是和"你是谁""你要做什么""你要积累什么样的知识""你能不能持续积累下去"等底层问题紧密相关。

换句话说，前文分享的是"方法"，但要想让它们真正起效，我们每个人还需要修炼好"底层心法"才行。接下来，我们就来为你分享记笔记或知识管理最重要的两条心法：第一，以我为主；第二，持续不断。我们先从"以我为主"开始讲起。

有一次回老家，和一位亲戚聊起彼此最近在做什么，他突然告诉我，他在考造价师，然后还拿出一摞资料，说最近一直在背这些东西。我问他："为什么要考这个，之前的淘宝店不开了吗？"

他神秘兮兮地告诉我："朋友说只要能拿下这个证，就可以挂靠在别的公司，有人给交社保不说，每年还能拿到好几万块钱，身边好多人都报了班考这玩意。最近生意不好，先考个证试试。"

这种用过即弃的知识，值得积累吗？

无独有偶，近年来身边朋友的知识焦虑越来越严重，不少号称"躺平"的人都纷纷活跃起来，生怕被时代淘汰。但摆在他们面前的问题是：究竟是研究 Web3 的发展呢，还是先研究人工智能的应用？或者看看产业互联网（毕竟这不需要很强的技术背景）？又或者学学去小红书做个人 IP、去小宇宙开播客？

新知识那么多，到底该在哪方面进行积累呢？

我在十多年前有过一次类似的危机。彼时我刚进入互联网行业，并不知道一个互联网产品经理该做什么。身边的人都会编程，自己要不要学一下？曾经赖以为生的 UI 设计知识是否还要继续补充？数据分析看起来更重要一些，但导师也提醒自己要加强沟通和协作能力，该怎么选择？将来想创业，业余时间要不要再去看看创业相关的知识？

我试图吞下所有的知识，最终却毫无意外地迷失其中。

别人的地图，没有自己的航向

一个人记笔记或者说管理个人知识的时候，最重要但又最容易被忽视的一个问题是该积累什么方面的知识。

举个简单的例子。我们在世界上生活，往往有多种不同的身份，这导致我们需要积累的知识看起来五花八门：身为一名产品设计师，需要积累设计相关的知识；身为一个小团队的领导，需要积累管理方面的知识；刚有了宝宝，需要积累婴儿发育的知识；喜欢研究中国历史，需要了解各种正史、野史；最近想买一辆汽车，需要积累汽车相关的知识……

这些知识看起来都有"用处"，但如果不搞清楚优先级，想一股脑全都掌握，那么最终结果就会变得样样稀松。我们在运营 flomo 的社群时，就经常遇到这种情况：许多人感觉 flomo 用起来有困难，并不是因为他们不会用，而是知道怎么用，却不知道"我该用它记录什么"。

所以，记笔记最容易忽略但又最难的地方，不是工具难用，不是方法难学，而是不知道自己要去向何方。

这让我想起十多年前的一件往事。当时 Light 想辞职去创业，我本能地说：这家公司不错，在这里虽然 XX 可能没有什么可学的了，但是你还可以学习 YY 和 ZZ 啊。而他反问了我一个我到今天都印象深刻的问题："我为何要学习那些不重要的东西？"

为什么要学？这个简单的反问让我感到震撼。十几年的教育一直告诉我们"要认真好学""艺多不压身"，导致我们默认要去学习所有能学到的东西，而没有分辨自己是否需要、是否擅长。

斯多葛学派的先贤塞涅卡说："如果一个人不知道自己要驶向哪个港口，那么哪个方向的风都不是顺风。"

墙头草，是因为"我"不够强

仔细想想，我们许多时候拿的地图都是别人塞给我们的。这张地图告诉我们，"考公务员"这条路可以通往稳定的大道，"当老师"也能避开崎岖的山路……但这些地图上的标记，都只是现实社会灌输的默认值。

很多时候，我们以为某个选择是我们自己的选择，实际上背后可能隐藏的是：

- 内心的恐惧，因为这样选择比较安全，符合主流价值观；
- 内心的贪婪，因为某个"权威"的声音许诺前方就是充满财富的应许之地；
- 思维的偷懒，不愿意用力思考，只跟着人群随波逐流。

无论是哪种情况，归根结底，都是"我"不够强——没有想清楚自己究竟要去往何方，没有想清楚自己究竟要掌握哪些知识，没有想清楚自己要将某种知识掌握到什么程度。"我"不够强，自然就只能随波逐流、随风飘扬，如一株墙头草。

由于每个人的目的不同，"究竟该积累什么知识"没有放之四海而皆准的答案。但尽管如此，我们仍能提炼出一条普遍适用的公理，也是最重要的心法：以我为主，增援未来。

以我为主，增援未来

世界上最可怕的句式，莫过于"为了什么而什么"。比如"为了读书而读书""为了创业而创业""为了结婚而结婚"……无论什么事情，被套上这个句式都会变得浅薄。

原来，纯粹地做事情是不行的，做任何事都必然有一个额外的意义。任何意义，往往也有另外一个更高的意义。就如一条因果链——为何要打白骨精，因为要救师父；为何要救师父，因为要取经书；为何要取经书，因为……

自然，我们不能"为了记笔记而记笔记""为了知识管理而知识管理"。记笔记只是一个过程，目的一定另有其他。所以正本清源，我们记笔记，必须先想清楚究竟是为了什么。不要为了积累而积累，为了记录而记录。

积累知识，核心是为了增援未来的自己。举几个简单的例子：

·卡尔·林奈记笔记，是为了给大航海时代发现的诸多物种进行合理且唯一的归类；

·卢曼记笔记，是为了研究社会上纷杂的现象，以便将其纳入其社会学理论框架；

·大卫·艾伦记笔记，是为了更有效地组织和管理待办事项，提高生产力和工作效率；

·彼得·德鲁克记笔记，是为了帮助企业和个人更好地理解和应对快速变化的商业环境；

·Light记笔记，是为了更好地对flomo的经营问题做出正确的决策；

·我记笔记，既是为了写这本书，也是为了给我的付费邮件组"产品沉思录"积累素材。

你看，知识本身没有价值，只有为我所用才有价值；重要的不是熟读多少学科，而是能够灵活运用多少知识；人是万物的尺度，我亦是所有知识的尺度。这就是"以我为主"。

你积累的知识，有且只有一个用户，即"未来的你"。你记录的笔记，都是为了"未来的你"在需要时能方便地查阅和调用。如何判断你积累的知识好不好？一个最重要的标准是"对未来的自己是否有所帮助"。这就是"增援未来"。

小结

  如果我们没有想明白记笔记是为了什么，却执着于挑选最好的工具、醉心于构建完善的结构体系、满足于每日记录数千字、热衷于修缮数字花园，那便是陷入"为了记笔记而记笔记"的误区，把过程当成了目的，自然也就容易舍本逐末、随风飘扬，成为一株墙头草。

  以我为主，增援未来——任何有效记笔记的方法都逃不开这条公理。这八字真言，便是记笔记的核心要义。

以我为主，审视知识

前文提到，成为"墙头草"的根本原因是"我"不够强，于是这样的人会很容易被外界影响，什么知识都想涉猎，一会儿研究元宇宙，一会儿研究个人品牌，一会儿学习做播客，一会儿学习剪视频，但最终却因为精力的分散和漂移导致收获寥寥。

病因既已清楚，解药也就呼之欲出——隔绝外界的噪音，从"我"的现实情况出发。不是所有知识都值得积累，也不是别人觉得"厉害"的知识就值得积累，要搞明白"我"的真实需求和问题，然后重新审视需要积累什么知识。

生有涯，知无涯

很多人可能觉得，我的真实需求就是积累更多的知识，越多越好啊。实际上，"多多益善"正是我们积累知识时要摒弃的首要误区。

知识固然是好的，但现实是我们的时间和精力有限，如果不加筛选，妄图掌握所有知识，那么我们只会徒劳而无功。庄周曰："吾生也有涯，而知也无涯，以有涯随无涯，殆已。"

以投资理财为例，这是现代人难以回避的一个问题。你真的要花费大量时间去学习各种金融工具、学会对企业做基本面分析、理解宏观经济和政策变化吗？对大多数人而言，更为明智的选择是，将资金托付给值得信任的基金经理，或者干脆投到指数基金上；节省下你的宝贵精力，聚焦于主业的精进。

比尔·盖茨和沃伦·巴菲特在一次访谈中被问到成功的秘诀是什么，两人极有默契、不约而同地回答："专注（Focus）"。这勺浓浓的鸡汤，我们要反过来看——能够将有限精力专注于自己的领域，先决条件正是大量放弃了其他领域。

很多段子经常说，小孩子才做取舍，成年人全部都要。但现实中哪有那么多既要、又要、还要？如果不做取舍，最终我们将会一无所获——知识积累亦是如此。

知识虽好，莫要错配

知识学不完，那用有限的精力去学点"厉害"的知识，是不是更好一些？

先来看看《庄子》里一个微言大义的故事："姓朱者学屠龙于支离益，单千金之家，三年技成，而无所用其巧。"简单翻译一下：有一位朱先生，向支离益学习屠龙，花尽千金家产，耗费整整三年光阴，终于掌握屠龙之术，却无处施展。

屠龙之术虽好，但世间哪有龙可杀？那位朱先生没有从自己的现实情况出发，就盲目地追逐知识——作为结果，苦心孤诣学到的新奇技术，根本就没有用武之地。

又如，"长期主义"被人们广为追捧，被视作一种最佳实践，但实际上长期主义仍有其先决条件——首先，你要能坚持到长期。如果一个乞丐食不果腹，却热衷于研究长期主义，这就错配了。他对知识的热爱当然值得赞扬，但恐怕他更应该先学习一些务实的谋生技能。

不要因为看上去酷炫，就去盲目学习；不要因为别人都说好，就去盲目学习；要始终聚焦于自己的现实问题和需求，以此为导向审视知识。

所以，很多时候我们不必学习屠龙之术，不要做研究长期主义的乞丐，而要多问问自己，当前的真问题是什么，然后从自己的真问题出发进行学习。

知行合一，高效学习

如果脱离了自己的真实问题，那么我们就缺失了最天然的学习动机，也就没有了最自然的实践机会，很容易转向皓首穷经的理论学习。那么，理论学习的效果好吗？

韩寒的电影里有一句著名的台词："听过很多道理，依然过不好这一生。"听过并不等于知道，知道并不等于能做到。

圣人王阳明讲："知行合一。"知道这四个字的人很多，但真正能做到的寥寥。这简单的四个字，本身就是"大道至简，行之至艰"的最佳诠释。可以说，世界上最遥远的距离，就是知与行的距离。

为什么知与行的距离如此之大？因为如果只从书本上学习，我们会缺乏相应的实践，知识的吸收效率非常低——并不能真正理解其内涵，也无法留下深刻的印象。自然，当未来真正要用到时，我们也就很难有效调用。

事实上，知行合一不仅仅是一个目标，更是一种追求目标的方法。

- 作为目标去追求：知道还不够，还要做到知行合一。
- 作为追求目标的方法：结合实践的学习，才是最有效的学习，知行合一。

读一百篇产品经理的心得，还需亲身做一个产品；看十部青春恋爱偶像剧，还需亲身谈一次恋爱；听师父讲一年杀猪的方法，还需亲身杀一头猪。

理论学习固然重要，但若脱离了实践，难免成为纸上谈兵；只有结合亲身实践，与理论知识互相补充，我们才能真正牢牢掌握相关的知识。

奇妙的是，如果我们能够"以我为主"，以自己此刻的真问题为导向去学习，不仅有助于改善自己的现实情况，而且自带了实践的机会，这本身就是最有效的学习方法。通过大量的亲身实践获得反馈，然后让反馈与理论知识相互补充验证，我们的经验值会不断提升。

小结

时间有限但知识无限，我们必须勇于放弃，才能专注精进。

任何知识都有使用场景，不要盲目遵从外界的标准，要始终以我为主。

以我为主的学习，必定包含了实践的机会，只有这样学习，我们才能更高效地掌握知识，知行合一。

构建你的提问机器

前文提到,审视知识能让你知道哪些该学,哪些不该学。更进一步来说,要想知道哪些该学,哪些不该学,在获取知识之前,你要有自己的实际问题。

本书许多地方都提到要借助"实际问题"去记录、分类、回顾。许多人觉得,自己好像没有那么多问题,怎么办?其实,没有问题本身这个问题,可能是因为我们所处的环境中缺少一架"提问机器"。

什么是提问机器

什么是提问机器?简单来说,就是指我们所处的某种做事的环境,这种环境可以源源不断地提出待解决的问题。

看起来似乎没什么特别,其实不然。这架机器的特别之处在于,首先,它会提出各种实实在在的具体问题,这些问题和我们的工作、生活息息相关，而非空洞的概念；其次，它会在我们解决问题的过程中不断提出新问题，推动我们不断获取新知识；最后，这架机器提出的问题，能让我们通过实践去解决、去验证，让我们的行动产生真正的价值。

举个简单的例子。我在之前的公司负责在线问诊平台的运营，每天都要遇到各种问题，比如：互联网医疗的最新发展问题、医药的政策研究问题、互联网医疗平台的竞品分析问题、双边交易平台的理论研究问题、医生运营的未来规划和工作安排问题、药品供应链的改善问题，等等……

我当时所处的公司环境以及所负责的业务，就是一架提问机器。这架机器推着我不断向外寻找更多新信息、新知识；同时因为这些问题源于具体实践，所以我有机会验证自己获取和记录的新知识对于解决问题是否有效。这便是"提问机器"的价值所在，它不但提供努力的方向，也提供实践的可能。

提问机器消失的危机

分享一个我的提问机器"消失"导致危机的故事。2022年，我刚从上家公司辞职出来，开始全职做flomo。彼时，flomo尚处最初开发阶段，在完成设计后，大多数代码工作都要由Light完成，那段时间我自己就闲了下来。

按理说空闲时间多了，我可以有充分的时间充充电，但突然间，我不知道该学习什么知识了。这听起来可能有些矫情，毕竟那个时间段正好是Web3和元宇宙的风口期，看似有许多新知识可以学，为何我突然不知道该学什么了呢？

回顾那个阶段，我其实并没有懈怠，反而是吸收大量的信息，认真记录与整理，花费的时间比之前在公司还长，每天都很疲倦。但我有一种奇怪的感受——自己就像一个不知道爱吃什么且还不饿的人，被丢到了一个自助餐厅，虽然有许多东西可以品尝，但都无法激起我的食欲，即便我试着吃了一些，但还是觉得差点什么，食之无味。

于是我便停了下来，开始站在旁观者的角度看待自己的状态。视角一变我突然发现，问题很简单：自己辞职后，离开了原本的工作环境，所以此前那套基于具体实践不断提出问题的系统突然消失了——换句话说，我的提问机器没有了。

没有了提问机器，我就没有了自然涌现的问题清单，再加上缺少实践环境，无论看再多东西，掌握多少方法，我也无法通过实践去验证，只能获得比较浅层的理解，于是陷入了"不知道学什么""学什么都提不起精神"的危机。

如何重新设计提问机器

好在，我们可以重新设计提问机器。具体来说，我们可以重新思考自己所处的环境，通过提出一个长期而又具体的问题，来重启并优化提问机器。

我当时对自己提出的问题是：如何让 flomo 为更多人带去有价值的帮助？这个问题足够长期，三年后再看，我依旧没有找到最终答案，但它一直引导着我一步步探索；这个问题也足够具体、聚焦，确保我的精力不会被其他问题分散。

有了这个问题后，结合本书第二部分讲的 I.A.P.R 法，我把自己的关注点从之前的互联网医疗、交易平台转移到了思维工具的设计、营销及品牌等领域；通过做减法，放弃了对医疗政策等问题的研究，把交易平台等暂时无法实践但又很感兴趣的领域转移到"兴趣模块"，有精力了看一看，没精力了暂时先放着也无妨。

确定好领域后，我开始明确地知道该记录什么，不该记录什么。一方面，我不再因为朋友发来各种信息而焦虑，担心自己是否落伍；另一方面，我开始主动寻找、请教在思维工具领域有经验的前辈。与此同时，我开始记录大量的实战经验，确保新学到的知识能被应用到实践中去，不断地验证、复盘，发现问题、解决问题。

就这样，一个新的提问机器重新形成，不但推动我们持续开发 flomo，也为撰写这本书提供了素材。

小结

记笔记的出发点，在于解决现实问题。而现实问题的提出，则需要从自己所处的环境、所做的事情出发去寻找。好的问题像北极星，能指引我们不断探索答案。而没有问题的各种积累，则像毫无目的地垒墙，让我们白白浪费力气。

截至今天，flomo 的开发还在继续，我当年提出的那个问题（如何让 flomo 为更多人带去有价值的帮助）也还没有最终答案。但正是这个长期而具体的问题，像北极星那样不断推动我继续向前，不断学习和实践。

持续不断

持续不断的价值

除了"以我为主",另一条重要的心法叫作"持续不断"。

这条心法看似朴素,但依然值得明确提出来。这是因为,我们在日常观察和调研中发现,许多人记笔记没效果,真正的原因不是缺少新工具或新方法,而是没有"持续做下去"。

一如本书提到的"用自己的话记笔记""用标签为笔记分类""通过回顾持续刺激"等方法,它们并非"学习黑客"一样的奇招异法,而更像基础招式,需要我们不断练习,持续做、反复做,只有这样,我们才能慢慢积累知识的复利。

打破知识管理的神话

提起记笔记或知识管理,总是有许多神话,比如"使用某个宝藏工具就好了"或者"掌握某个厉害方法就好了"。事实真是这样吗?

我曾是个"工具控",自2008年以来不知道用过多少笔记工具；我也学过很多方法，希望能打造一套完美的知识管理体系。我的书架上至今还摆着几个花重金买的moleskine[1]笔记本，当时的我希望这笔"沉没成本"能让自己坚持记笔记，但直到今天，里面只有前 1/3 写了文字，后面都是大片空白。

工具是最新的，方法是最潮的，结果呢？可以说惨不忍睹。因为无论是工具还是方法，我最终都没有坚持下去，而越是坚持不下去，我就越是会给自己找借口。没办法，毕竟逃避责任是人之常情，我们往往会将"没有效果"归咎于工具或方法有问题，希望能找到更好、更新的，于是不停重启，再重启，殊不知之前的积累也随之付诸东流。

帮我从这个恶性循环中跳出来的，是前文反复提及的德国社会学家卢曼。许多人认为他是卡片笔记的发明者，但实际上，他只是在生命即将结束的时候，在一篇文章里提到过这种方法而已。

为何说卢曼帮我跳出了恶性循环？因为我发现，相比其他笔记方法，他用的方法非常简单，简单到只是写卡片，然后把卡片放到木头盒子里。更重要的是，卢曼还做了另一件事，就是坚持使用这套方法，用了一辈子——虽有渐进式改良，但并无重启。正因如此，他一生积累了约九万张知识卡片，并借助它们写出了五十多本书和大量论文。

卢曼带给我的启示是，方法和工具或许重要，但一个人要想通过记笔记或知识管理创造属于自己的神话，更重要的是几十年如一日地持续记录，持续修炼基本功。

---

1. 意大利高端笔记本品牌。

持续不断的重要性

爱因斯坦说："复利是世界第八大奇迹，知其者从中获利，不知者为其买单。"记笔记也一样，如果你想享受知识的复利，最重要的就是持续不断地坚持下去。

我有一位忘年交，曹惠君老师。她是301医院的博士、朝阳医院的博士后，在心血管内科方向工作了二十多年，在患者中的口碑一直很好。曹老师曾与我分享她是如何提升自己的诊断能力的。

早年间为了提高诊断能力，只要一有时间，她就对着显微镜看切片。她不是简单地看看就完了，而是左眼看显微镜，右眼看纸笔，把看到的大致的组织形状在纸上画下来。

偶尔一两次这样做并不难，但她从早上5:30到晚上10:30，只要一有空就去看切片，每天如此，足足坚持了三年。三年里，她看完了几乎所有的切片样本，也因此拥有了一双"人肉显微镜"。

比如看到病人的小腿、踝部红肿，一般医生短时间内判断不清楚原因，但她因为片子看得多，可以更快地知道大概率是哪种细胞增多了，哪种代谢影响的，这些知识就像一张巨大的网络汇聚在她的脑海里，既能帮她选择正确的治疗方案，也能让患者更快痊愈，少走弯路。

记得她对我说，其实提升诊断水平并没有什么复杂的，只是很少有人能持续不断地做这些看似简单的事情。

曹老师的故事并非特例，我自己在不断做事的过程中，也实实在在地体会到了持续不断的重要性。

我在2014年开始创业，做一款图片社交产品，你可以将其理解为美食版的"小红书"，这需要我积累社区运营、产品推广方面的知识。

但很快风口变了，社区赚不到钱，于是我放弃那个产品，开始尝试精品团购，却忽略了自己根本没有团购业务的相关知识；到后来，我又发现做团购利润太薄，不如做外卖赚得多，于是又开始学习外卖知识。我自以为足够聪明，能快速学习各领域的新知识，但实际上，就拿外卖知识来说，仅供应链这一项就足以让我深陷泥潭。

就这样，三年下来，我不断切换赛道，频繁重新启动，除了把融到的钱烧完以外，没有积累起任何一个领域的系统知识，以至于当时关闭公司后，我都不知道该去找一份什么样的工作。

但也正是这长达三年的挫败，让我意识到持续不断的重要性，于是有了下面的故事。

自2017年起，我开始维护一个关于产品的知识库——"产品沉思录"，分享与产品有关的文章，每周更新一次，七年间几乎没有中断，从未重启。这七年的持续积累，为我带来了什么价值呢？

- 不但帮我解决了工作上的许多问题，还促使我整理出好几套对外分享的课程；
- 让我有机会认识了许多各行各业的朋友，拓展了书本之外的知识；
- 有的知识间接塑造了flomo的理念，有的知识成为写作本书的原始素材……

其实我最想跟大家分享的不是这些价值，而是一件亲身经历过才知道的事情——这些价值不是在我做"产品沉思录"几天或几个月之后就显现的，而是从第四年开始，才陆续涌现出来。也就是说，如果没有前三年持续不断的积累，那么我也无法享受这样的知识复利。

小结

使唐僧成为唐僧的，不是经书，而是那条取经的路。

持续不断，是记笔记非常困难的一关。不过别灰心，好消息是，前方的道路并不拥挤，因为坚持的人并不多。只要能持续不断记录，不出一年时间，你就能远超身边的大多数人。

打造持续不断的系统

前文提到了"持续不断"的价值,那么,如何才能做到持续不断呢?

过去我们觉得,要想长期做一件事情,就得靠意志力熬过去。但其实,意志力只能帮助我们一时,要想长时间地做好知识积累,更聪明的办法是为自己打造一套"持续不断的系统"。为何这么说?先来看个故事。

想要持续不断,你需要一套系统

让我们把时间调回1911年,看看发生在遥远南极洲的一场竞赛。

竞赛双方分别是来自英国的海军军官斯科特(Robert Scott)和来自挪威的极地探险家阿蒙森(Roald Amundsen),他们带领各自的团队,比赛谁先到达南极点。这并非一场完全公平的对决，因为在阿蒙森决定去往南极点之前，斯科特已经先行前进了两个月。

但阿蒙森没有因此气馁或者盲目追赶，而是结合自身情况和实际环境，制订了一个并不激进的前进计划。比如他考虑到虽然马在陆地上跑得快，但其耐寒性没有得到极地环境的验证，于是选择了更靠谱的雪橇犬；他考虑到极地生火条件差，于是选用了一种新型保温杯装食物，这样大家不用生火也能吃到热乎乎的东西；他考虑到探险之旅艰难而漫长，于是在途中规划了三个同样规格的补给站，并严格按规划的位置建造……

除此以外，阿蒙森团队在前进时，还会遵守严格的纪律——无论天气如何，每天前进三十公里——这样一来，队员们遇到坏天气不至于落后，遇到好天气也不至于过度消耗体力。因为这不是短跑比赛，而是比马拉松还要漫长的探险。

而他的对手斯科特，除了个人想要成为到达南极点的第一人，还背负着"大英帝国的荣誉"，所以快马加鞭，希望尽早抵达南极点。但这种必胜的激情和匆忙感，导致他犯了很多错误。比如他选择了并不适合低温行动的矮脚马，还把第二个补给站建在了距离原目标六十七公里的地方。此外，他的队员是根据天气情况忽快忽慢地行进，体力消耗非常大。

或许你在许多地方看到过这场竞赛的结局：后发的阿蒙森团队因为按照计划持续行动，比斯科特更早到达南极点，并安全撤离；而斯科特团队却起了个大早，赶了个晚集。更让人唏嘘的是，斯科特团队在归途中遇难，无一人生还。

你看，想要做成一件事，只靠意志力是不够的——我们不能说斯科特团队就比阿蒙森团队的意志力弱，他们之所以失败，并非败在意志力，而是败在没有搭建一个足以支撑团队日拱一卒、持续不断行动的系统。

积累知识也一样，要想真正把记过的笔记用起来，我们也需要为自己打造一套持续不断的系统。

设计系统的三个要素

那么我们该从哪里入手设计系统呢？其实可以从以下三个方面来思考：

1. 控制主观意愿，让自己愿意坚持；
2. 设计客观环境，让自己容易坚持；
3. 根据价值观管理时间，让自己能够坚持。

一、控制主观意愿

要想设计持续不断的系统，我们需要关注的第一个要素是"主观意愿"。这一点很好理解：如果你从心底里厌倦记笔记这件事，那么你很可能坚持不了几天就会放弃；而如果你能始终对记笔记充满热情，那么你会更愿意把这件事一直做下去。如何保持热情呢？你可以试试以下两种方法。

（1）不要让自己的欲望得到满足。

对于如何持续地做一件事，我们的导师王建硕曾经提出过一个有趣的思路：设置上限，不要让欲望得到满足。因为欲望（比如写作、读书、画画、吃东西等欲望）就像火苗，需要被小心呵护，才不会轻易熄灭。

举个例子。如果想通过记笔记积累知识，那么我们就不该以完美的自己为标准，设置一个难以企及的目标，比如要求自己日更几千字，或者每年读上百本书。相反，我们应该设置上限，让自己每天记录或读书的数量尽量不超过某个值，比如每天写三张卡片或者读两页书——就像阿蒙森团队每天前进的距离一样，以最差的状态为参照来设计目标，留出余裕。这样，在精力不够的时候，我们可以因为目标不高而继续坚持；而在精力充沛的时候，也不至于一下子耗尽热情。

你看，"确定好目标之后，应该竭尽全力去完成"似乎是大多数人的共识，但我们做许多事情都是刚开始热情高涨，坚持不了多久就草草收场。当达到一个目标需要的时间足够漫长时，"冲锋"并不可取。就像我们要减肥，不能指望连续锻炼一星期就把体重减下来——这样做除了会让我们产生强烈的逆反心态，不会带来任何其他好处。而设置上限，就是让我们不要轻易去满足那些"脉冲式"的欲望，这样我们才能保持欲望的小火苗，有持续的动力去不断积累。

（2）几个方向前进，灵活切换重点。

如果说记笔记是为了增援未来的自己，那么我们如何知道现在的积累就是未来所需？如果不能确定这一点，我们记笔记的主观意愿就会降低。如何解决这个问题？

其实我们可以借用投资领域的一个方法：不要将鸡蛋放在同一个篮子里。换句话说，我们最好能同时面向几个不同的方向积累知识，分摊风险。比如除了你的核心领域，你还要寻找一些其他感兴趣的方向，持续积累知识。这样一来，面对未来无法预知的变化，你心里就可以少一些焦虑，多一些安定。

除此之外，同时面向几个不同的方向积累知识还有一个好处，那就是可以让我们有机会切换重点。比如，在一个方向上遇到困难、难以前进的时候，我们可以转而深耕另一个方向，而不至于陷入泥淖无法自拔。等到未来有机会，我们还可以回到原来的方向继续解决问题。这就像"轮作"一样，对保持我们积累知识的主观意愿非常重要。

二、设计客观环境

除了在主观意愿上保持小火苗，要想设计持续不断的系统，我们还需要关注第二个要素：客观环境。

我们都是环境的反应器，做什么、怎么做、做到什么程度，都与环境强相关。因此，为自己设计一个良好的客观环境，是持续做一件事非常重要的方法。

Light分享过一个他为自己设计写作环境的例子。曾经有段时间，他打算恢复微信公众号的更新，并且希望保持周更，但没过多久他就放弃了。因为他发现，靠意志力坚持更新实在太难了。意识到这一点之后，他没有再强迫自己动用意志力坚持更新，而是重新设计了自己的写作环境。

具体是怎么设计的呢？首先，他把写作分成了两个流程——第一个流程是，先把自己的想法以每篇两三百字的篇幅写出来；第二个流程是，积累一段时间后，再把部分相同主题的内容编辑成公众号长文发布。其次，他把第一个流程产出的内容放在了自己的小报童专栏里，请用户付费订阅。

新的写作环境和之前有什么不同？有两个部分的改变：一是降低了内容生产成本，二是提供了良性的压力。

先来看内容生产成本。在以往的写作过程中，Light需要同时扮演两个角色——作者和编辑。但其实，两者的关注点不同，作者更关心自己的想法有没有表达出来，而编辑更关心遣词造句和篇章结构。如果一个人同时扮演两个角色，还要频繁切换，那么他就不容易聚焦于任何一个角色，因此要耗费很高的内容生产成本，比如时间、精力、脑力等。

而在新的写作环境里，Light把这两个角色设计到了两个流程里：写付费专栏时，他主要扮演作者角色，负责畅快表达；而写公众号时，他主要扮演编辑角色，负责精心修剪。这就降低了频繁切换角色造成的内耗，也降低了内容生产成本。

再来看"良性的压力"。从常识来看，写微信公众号的反馈一般只有阅读量和留言，如果一个人花了大力气去写文章却没多少人阅读，那么他自然很难坚持下去。而付费专栏就不一样了，因为收了读者的费用，哪怕没有几个人订阅，Light也会产生一种持续履约的义务——这是一种良性的压力，让他有持续不断的动力去更新小报童里的内容。

关于设计客观环境，Light曾这样总结："出淤泥而不染，濯清涟而不妖——这是极少数情况，需要依托于极其强大的意志力。但意志力是有限的，持续考验意志力也是痛苦的。好在，人始终有为自己选择环境的自由，甚至为自己设计环境的自由。因为无论主流世界信奉什么逻辑，你总是有机会为自己设计不一样的环境。"

想一想，在记笔记这件事上，你可以为自己设计什么样的客观环境，以确保自己可以持续不断地记录下去呢？

三、根据价值观管理时间

有了主观意愿和客观环境，要想设计持续不断的系统，我们还要关注第三个要素：时间。道理很简单，我们想成为什么人，做什么事，都不只能靠想象，而是要投入实实在在的时间。

或许你觉得，这还不简单？我每天设置好待办清单，然后按计划投入时间就好了。但其实，这并不是最佳方法。为何这么说？因为待办清单是"要做的事情"，不是"一定会发生的事情"。即使列了很多待办事项，如果没有足够的时间，我们也很难完成。比如稍微一加班，或者临时来个聚会，待办清单上的事情就会被推迟。

那要怎么办？我关注的一位行为设计领域博主、《上瘾》[1]一书的作者尼尔·埃亚尔（Nir Eyal）有个有趣的观点：用价值观来规划自己的时间块，而不是在待办清单上堆积更多任务。

什么是规划时间块？就是把每天可自由支配的时间，以三十分钟或者一小时为单位划分为一块一块。这样做的好处是，可以帮我们把抽象的时间具象为几个明确的筹码。当清晰地看到自己手中的筹码时，我们就可以根据自己的价值观把它们下注在重要的事情上——也只有这样明确地投资时间，我们才能获得具体的回报。

值得注意的是，无论我们多么聪明，都不可能同时操作两件事，这也意味着每个时间块都只能做一件事情。所以，当你明确地将某个时间块安排好以后，别人想要占用这块时间，你就有充

---

1. 〔美〕尼尔·埃亚尔等：《上瘾》，钟莉婷等译，中信出版社2017年版。

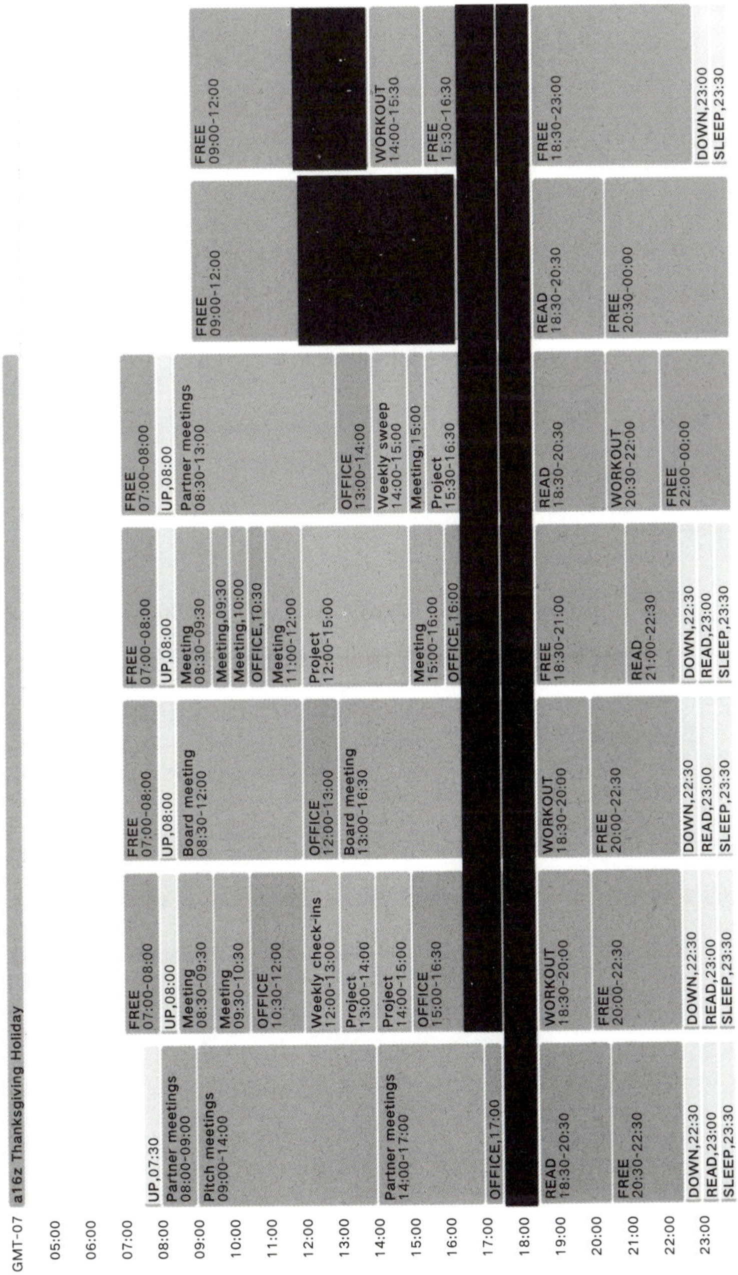

心法篇 [263]

	MON 23	TUE 24	WED 25	THU 26	FRI 27	SAT 28	SUN 29
GMT-07	a16z Thanksgiving Holiday						

MON 23:
- Partner meetings 08:00-09:00
- Pitch meetings 09:00-14:00
- Partner meetings 14:00-17:00
- OFFICE, 17:00
- READ 18:30-20:30
- FREE 20:30-22:30
- DOWN, 22:30
- READ, 23:00
- SLEEP, 23:30

TUE 24:
- FREE 07:00-08:00
- UP, 08:00
- Meeting 08:30-09:30
- Meeting 09:30-10:30
- OFFICE 10:30-12:00
- Weekly check-ins 12:00-13:00
- Project 13:00-14:00
- Project 14:00-15:00
- OFFICE 15:00-16:30
- WORKOUT 18:30-20:00
- FREE 20:00-22:30
- DOWN, 22:30
- READ, 23:00
- SLEEP, 23:30

WED 25:
- FREE 07:00-08:00
- UP, 08:00
- Board meeting 08:30-12:00
- OFFICE 12:00-13:00
- Board meeting 13:00-16:30
- WORKOUT 18:30-20:00
- FREE 20:00-22:30
- DOWN, 22:30
- READ, 23:00
- SLEEP, 23:30

THU 26:
- FREE 07:00-08:00
- UP, 08:00
- Meeting 08:30-09:30
- Meeting, 09:30
- Meeting, 10:00
- OFFICE, 10:30
- Meeting 11:00-12:00
- Project 12:00-15:00
- Meeting 15:00-16:00
- OFFICE, 16:00
- FREE 18:30-21:00
- READ 21:00-22:30
- DOWN, 22:30
- READ, 23:00
- SLEEP, 23:30

FRI 27:
- FREE 07:00-08:00
- UP, 08:00
- Partner meetings 08:30-13:00
- OFFICE 13:00-14:00
- Weekly sweep 14:00-15:00
- Meeting, 15:00
- Project 15:30-16:30
- READ 18:30-20:30
- WORKOUT 20:30-22:00
- FREE 22:00-00:00

SAT 28:
- FREE 09:00-12:00
- READ 18:30-20:30
- FREE 20:30-00:00

SUN 29:
- FREE 09:00-12:00
- WORKOUT 14:00-15:30
- FREE 15:30-16:30
- FREE 18:30-23:00
- DOWN, 23:00
- SLEEP, 23:30

图 4-1

足的理由去拒绝。

其实这个方法并不难，知名投资人马克·安德森（Marc Andreessen）也在用。上页的图是他的时间日历，虽然上面只有"时间块"，没有十分具体的事项，但我们依然能从中看出他的作息规律，以及对他来说"长期重要的事情"是什么。

歌德曾说，如果我知道你如何度过你的时间，那么我就知道你会变成什么样子。

规划时间块意味着我们要优先考虑自己的价值观，即我们想要成为什么样的人。如果你想成为一名画家，那么你必定有时间在练习绘画；而如果你想做好个人知识管理、实现个人成长，那么你必定有时间在记笔记。

小结

想要得到一朵鲜花，你必须先种下一颗种子，设置好温度、湿度和光照，让它自然地生长出来。

打造持续不断的系统也一样。希望你能从这里开始，根据自己的实际情况，一步一步构建属于自己的行动系统。

愿我们都能：不疾不徐，绘制一条平滑但坚决向上的曲线。

附录
工具篇

用flomo积累你的知识财富

在这本书的最后,我们终于可以来聊聊,flomo到底是个什么工具。

最初规划这本书的时候,我们不希望把它写成flomo的使用教程,而希望其中的方法可以尽可能地通用,以降低你在不同笔记工具之间来回切换的成本。

但如果能配合flomo使用这套方法,或许你会有更多收获。因为本书提到的笔记方法,我们都在flomo里设计了对应的功能,更有利于你构建一个便于实践的环境。

flomo是什么

flomo是我和Light一起创造的一款跨平台的卡片笔记工具。

这个工具很简单，简单到几乎不支持主流的富文本编辑，不支持协作与共享，甚至不支持复杂的排版布局——连"输入标题"这样常见的设计都没有。如果用接地气的话翻译一下，flomo是一个"只给自己看的微博"或者"加强版文件传输助手"。

附图1

或许你会说，市面上已经有那么多笔记工具了，你们干吗非要重新发明轮子，还做得如此"简陋"？

这是因为，工作多年后我们发现，身边许多同事缺少一套"有效记笔记"的方法，比如不知道该记录什么内容，大量收藏文章却很少回看……这样一来，大家遇到问题翻看过往笔记时，要么找不到，要么找到了却还得重新理解，还不如现场重新想答案。

从这个视角来看，这个世界上笔记工具虽然多，但大多数都是围绕"文档写作""共享协作""剪藏保存"等功能来设计，鲜少聚焦于普通人对于个人知识积累与提取的诉求。

马克思说："哲学家们只是用不同的方式解释世界，而问题在于改变世界。"如果只是讨论问题，我们并不能解决它。于是我们撸起袖子下场干，创造了flomo。

接下来我们为你详细讲讲，flomo可以怎样帮你实践本书介绍的这套"笔记的方法"。

用自己的话写卡片

当你下载flomo并注册、登录后，你或许会感觉到，它和其他笔记工具不太一样。因为在你面前的，是一张简简单单的空白卡片，它既没有"标题"模块，也不支持什么特殊的排版格式——看起来像是一个单机版微博？该不会就这么"简陋"吧？

试着记录一条笔记的话，你会发现刚才的猜测是真的——它的输入框不支持全屏，像极了聊天软件；它不支持富文本，不支持Markdown，甚至不支持标题，图片只能发九张……

附图2

先别着急吐槽，容我们说说，我们为何要把flomo设计成这样。

来看一组对比图。图3的左侧图片是常见的笔记样式，标题、排版等功能一应俱全，而右侧图片是flomo设计的笔记样式，其主体就是一个小小的文本框。

附图3

仔细想想，面对一个需要填写标题的空白文档，你内心是什么感觉？是不是对着"无标题"三个字就得想半天？想到标题后，你是否又会觉得，写三五十字对不起取标题花费的时间？这些隐形的心理压力会让你想要拖延，"等准备好了再记"，然后就没有然后了。

说到这里，你能猜到为何 flomo 如此"简陋"了吗？因为许多时候，"功能多"反而会成为记录的干扰和阻碍。让我们换个视角来看 flomo 的设计：

> 不支持全屏，只提供一个小"对话框"。一方面是为了让你毫无压力地记录，记一两句话都可以；另一方面是为了倒逼思考，让你用自己的话精炼核心内容。
>
> 不支持富文本，不支持 Markdown 语法，甚至不提供标题

模块，都是为了帮你避免因为排版分散精力，让你专注于纯粹的记录。

这并非偷懒，而是把功夫用在我们认为更重要的地方。比如在放弃了复杂的编辑器后，我们在flomo记录的便捷性上下了许多功夫：

> 支持电脑/平板/手机/网页等几乎所有主流设备及操作系统，不但免费同步，且没有客户端登录数量限制，还支持离线使用，方便你在更多场景下方便地记录与提取。
>
> 除了支持众多平台，flomo还支持从微信中直接记录。想象一个场景，你无须打开flomo App，就可以把微信聊天时受到的启发，通过微信对话框快速记录到flomo里。[1]

有了上述便捷性，再遇到有价值的信息，你就不必花费太多时间、精力、脑力启动"记录"这个动作，而是可以立即寻找对自己有启发的部分，然后用自己的话记录。用自己的话记录时，你也不需要展开长篇大论，用三五十字快速记录一下就好。

这样一来，即使以前没有记笔记的习惯，现在你也可以做到每天记录三五张卡片。

别小看这个转变。许多flomo用户持续使用一个月后惊喜地发现，自己不但能轻松记录几十条有价值的内容，累计字数过万，而且由于记录时进行了更多思考，自己对所记内容的印象会更深，遇到问题也更容易回想起来。

---

1. 用户绑定flomo的微信服务号，通过服务号输入内容，即可同步到flomo App。

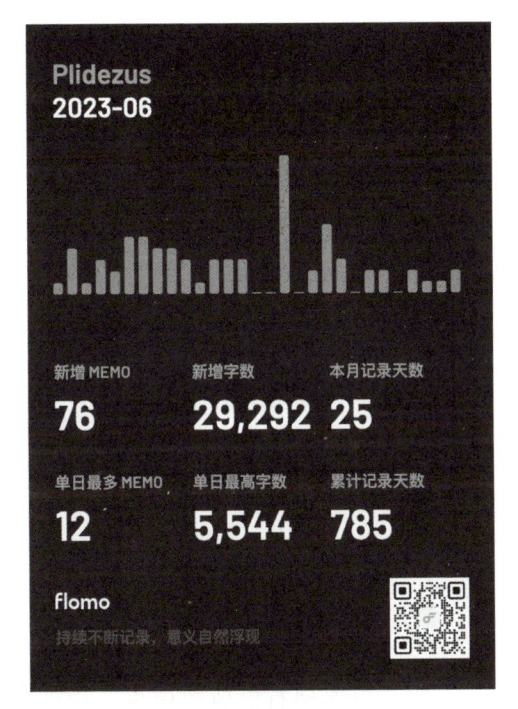

```
Plidezus
2023-06

新增 MEMO     新增字数       本月记录天数
76            29,292         25

单日最多 MEMO  单日最高字数    累计记录天数
12            5,544          785

flomo
持续不断记录，意义自然浮现
```

附图 4

任何宏大的事情，都源自一个微不足道的开始。

善用多级标签分类

解决了记录压力大的问题，我猜你很快会有第二个问题：该怎么给这些笔记分类呢？

你看了看 flomo 的主界面，发现这家伙真奇怪，没有传统的文件夹（或者笔记簿）功能，而是提供标签功能，并且这个标签功能不太一样，可以像文件夹一样折叠和展开。

附图5

其实这是flomo特有的一种分类方式——多级标签。我们之所以选择做"多级标签",是因为它既能保持标签的灵活性,又给容易分散的标签加上了文件夹一样的层次功能。

先来看看传统文件夹的问题。打个简单的比方,文件夹就像收纳箱,每个物品(文件)只能放在特定的箱子里,虽然层次清晰却有明显的局限——你不能把同一个物品既放在A箱子里,又放在B箱子里——许多时候这是造成我们分类困难的主要原因。你可能觉得,笔记和普通物品不同,可以被复制成N份,所以可以实现"既放在A箱子里,又放在B箱子里"。但这会带来更大的问题——一旦笔记有改动,你都需要付出N倍精力逐一修改。

而标签就比文件夹方便许多,因为标签就像贴纸,我们可以给一个物品贴上多种颜色的贴纸，然后根据颜色找到目标物品，方便灵活。但传统标签亦有问题，比如许多人会给一条笔记打上过多的标签，造成分类混乱——这也是许多人觉得标签难用的主要原因。

从实际使用角度来看，我们认为标签比文件夹更具优势，因为它更灵活，还能帮大家更方便地建立笔记之间的连接。但如何解决容易混乱的问题呢？

其实，许多人之所以觉得用标签容易混乱，是因为多数笔记工具仅提供平级标签功能，导致本是不同层级的标签混在一起，又多又乱。所以我们做flomo的时候就设计了"#标签/子标签/孙标签"这样的多级标签。

在flomo里，你可以用"#标签/子标签/孙标签"这种格式创建多级标签。比如下图是我的一条笔记，其中一个多级标签是"#People/互联网/Grant_Lee"。它虽然带有三个层次的信息，却只是一个标签，只需一个"#"而不需要三个，这就大大减少了标签数量。

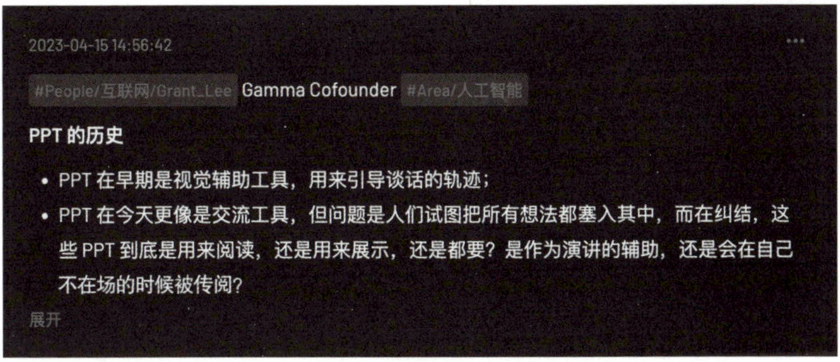

附图6

不仅如此，由于多级标签自带层级，打得多了以后，我们就可以在flomo左侧看到像文件夹一样可以折叠和展开的层次结构。

比如一旦我为某条笔记打上"#Area/人工智能"标签，那么flomo左侧就会自动生成层次结构，像右图这样。也就是说，当我们把"Area"展开后，可以看到"人工智能"这一子分类，以及其他与其同一层级的子分类，比如"创业""知识管理""投资"等。

附图7

这样一来，我们就可以通过这样清晰的层次结构快速找到过往的笔记。

有了多级标签以后，还有一个问题需要解决。因为人类大脑的记忆能力有限，如果层次多、标签也多，那么我们记笔记的时候还是很难精准地打出标签名称，所以我们特地在flomo里做了"标签自动匹配"功能，你只要记得任意层级的标签名（或关键词），就可以通过"#"这个符号加关键词，将精准、完整的标签"召唤"出来，就像下图这样。

附图8

多级标签与自动匹配相结合,既能让我们搭建像文件夹那样清晰的层次结构,又能让我们享受用标签分类的灵活与自由,还能帮我们避免标签过度复杂或混乱。

比如我虽然有接近2000条笔记、400多个标签,但第一层级只有8个"主标签"。在需要查找特定内容的时候,我可以通过如文件夹一样的层次找到细致的分类。而在记笔记或回顾笔记时,我也可以灵活地为一条笔记添加多个标签,为未来提取笔记增加线索。

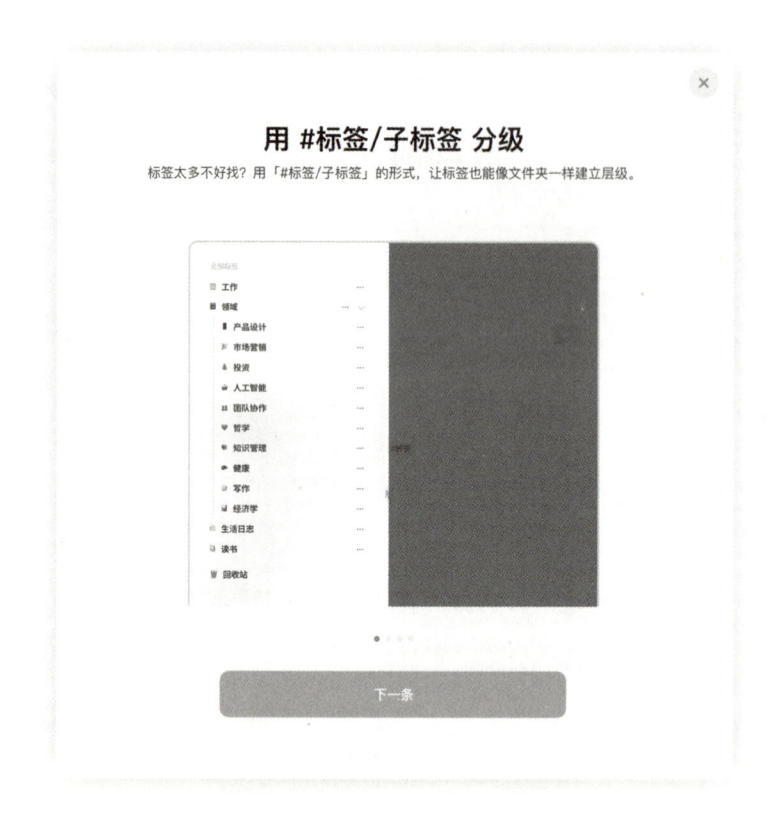

附图9

很多用户曾问,在flomo里打标签,究竟该把标签放在笔记头部还是笔记尾部?其实这就像甜豆花和咸豆花、甜粽子和咸粽子一样,并没有一个定论,选择你喜欢的方式就好——甚至不少人还会把标签当作正文的一部分,嵌入自己的笔记里。

持续不断回顾

解决了记录压力和分类问题,还有一个普遍问题值得关注:

很多人需要用笔记的时候，依然想不起自己记过什么。究其原因，大概率是因为他们漏掉了一个重要动作——持续回顾笔记。具体该如何回顾呢？

为了解决这个问题，我们在flomo里设计了"每日回顾"功能——如果使用这个功能你就会发现，每一天，它都会随机或根据你的某些自定义条件，为你推送一组你记过的笔记。这样一来，你就可以像批阅"奏折"一样回顾过去记录的内容，和过去的自己对话。

附图10

举个例子。我每天都有一个重要的回顾"仪式"——早餐后花10—20分钟回顾过往的12条笔记。为了避免错过，我会设置一个App内的推送提醒，作为"仪式"的开始。虽然平均算下来，我只能花一分钟左右回顾一条笔记，但由于笔记是用自己的话写的，所以回顾起来没有太大的压力，我可以很快记起并理解相关知识点，继而使它们得到巩固。

或许你会说，好像其他剪藏类产品也有类似的回顾功能？两者看似很像，实则完全不同。因为如果你的笔记里都是以往收藏的上千字文章，那么即使有回顾提醒，你通常也没时间、没心情再去翻看，于是错失回顾的价值；而如果你的笔记里充满了自己的想法，篇幅也不大，那么你会很容易完成对笔记的回顾。

这就是flomo的回顾功能和其他产品不同的地方——不是功能有多强大，而是以终为始，帮你真正完成回顾笔记的动作、享受回顾笔记的价值。比如，flomo首先鼓励你改变记笔记的方式，记录自己的想法，篇幅不用很长，基于此，你才更容易完成回顾。

回顾笔记时，除了浏览过去的记录内容，我还会跟回顾到的重点内容进行"互动"，即重复前述两个动作——补充当下的新想法、新案例，重新整理标签。有了这样的互动，我对相关笔记的印象会更深刻，分类会更清晰，未来需要用笔记的时候也就更方便提取。

当然，这只是我个人的一种用法，我们的用户还发明了许多有趣的回顾方法，比如：

集中回顾没打标签的笔记，并给它们打上清晰的标签，用来巩固自己对笔记的理解。

特别回顾让自己开心的笔记，让自己怀着美好的心情或感恩的心态开启新的一天。

如果你担心自己忘记回顾笔记这件事，还有一个办法供你参考，那就是设置手机桌面小组件。除了App内的"每日回顾"功能，我们还设计了手机桌面小组件。使用它之后，你每次解锁手机，都可以在手机屏幕上看到一条自己记过的笔记。不仅如此，你还可以借助flomo的微信公众号等渠道提醒自己：又到了回顾笔记的时间。

我们常说，重要的不是记录，而是思考。而回顾笔记，就是引发思考的重要契机。

对了，如果你回顾完当天的笔记条数，完成了每日回顾这件事，你还能看到我们为你准备的一个小小的庆祝仪式。期待你去探索一番。

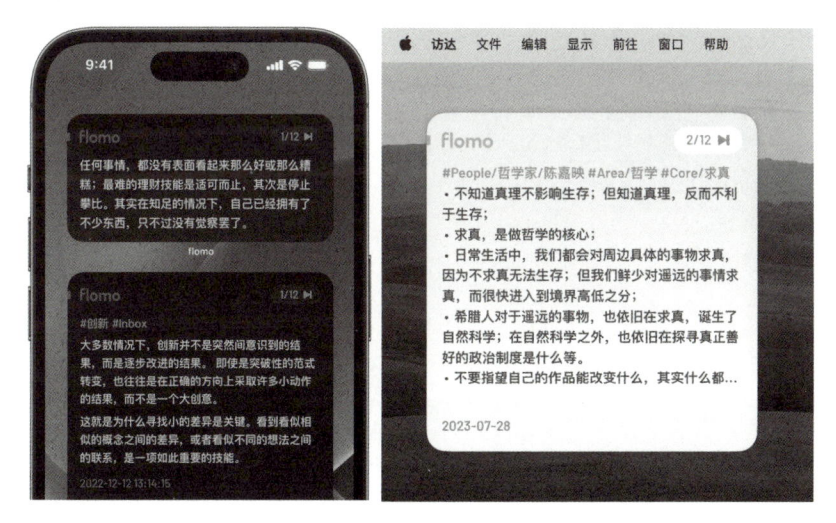

附图11

虽然我们是flomo的开发者，但我们亦知道其局限性，比如不擅长做大纲笔记和思维导图，这方面"幕布"更加擅长一些；比如不适合做待办清单和项目管理，这方面"滴答清单"更适合一些。

其实对于使用者来说，与其寻找all in one的工具，不如寻找合适的组合——就像瑞士军刀功能再强，厨师、雕刻家、维修工也不会将其当作自己的主力工具。所以，如果你想找一个all in one的笔记工具，那么flomo显然不是一个好答案。

但如果你只是希望记录自己平日里的想法川流，那么flomo或许值得尝试一下——别担心，它的大部分功能都免费可用。欢迎你使用flomo，比起希望你爱上这个产品，我们更希望你可以借助它积累你的知识财富，一步一步变成更好的自己。

我还记得flomo上线一年后，和Light散步至上海音乐学院附近的那个场景。当时我们正聊着维特根斯坦和罗素，他突然说："我知道flomo的哲学意义是什么了——持续不断记录，意义自然浮现。"

后记
这本书的出版是一场"慢直播"

这本书最后附的那张拉页，是致谢页，也是数千位"创始读者"的姓名墙。之所以有这个姓名墙，是因为这本书的诞生源自一次实验：如果我们"直播"一本书的创作过程，结果会是什么样？

为何会有这样奇怪的实验？因为大概在2022年，我和Light就想把flomo101里关于记笔记的方法等文章，系统地整理成一本书，以帮助更多对记笔记或知识管理有困惑的人。

但作为普通人，谁还没点拖延症？虽然屡次尝试动笔，但我们总会被这样那样的事打断，导致一拖再拖，出书仿佛成了一个完不成的任务。后来仔细一想，拖沓的原因很简单——写书这件事周期太长，反馈太弱，收益非常不确定。

这话怎么说？其实刚开始打算出书时，就有朋友劝我们："写书不划算。你不仅要花很长时间写作，而且在这个过程中很少得到反馈，无论是正面反馈还是负面反馈，都几乎没有——就像一个人在黑夜里走路。就算最后你写完了，大多数书也就卖个两三千本，还不如做成在线课程赚得多。"

但我和Light都是痴迷于书的人——十年前我们还一起做过一个二手书漂流网站"摆摆书架"，所以我们就想，能否改变传统出书那种漫长而孤独的写作模式，通过重新设计写作环境，让上述问题得以解决？进一步说，如果我们能做到这一点，摸索出可复用的经验，那么更多优质作者就有机会把自己的经验、知识结集成书，传递给更多读者。

具体怎么做？"小报童"是我们给出的一个答案。

先介绍一下小报童。对作者来说，小报童是一个创建付费专栏的工具。使用小报童，一位作者只需简单几步，就可以创建一个属于自己的付费专栏，并通过为读者创作优质内容获得体面的收益，而不用被迫蹭热点、抢流量、植入广告去变现。对读者来说，小报童是一个订阅付费专栏的平台。订阅专栏后，读者可以通过访问小报童官网、开通邮箱投递或关注"小报童投递"微信公众号等形式，获得作者更新的提醒，并和作者建立长期联系。

为何说小报童是一个答案？因为它让我们开头说的"直播实验"有了实践的基础，具体过程是这样：

> 起初，当这本书只有主题、大纲和部分样稿的时候，我们就在小报童上建立了一个付费专栏，并向所有购买专栏的用户介绍，这个专栏讲什么、内容规模有多大、更新周期是多久，等等。
>
> 接着，我们通过flomo的各种用户群，向大家告知我们希望借助连载线上专栏这种"慢直播"的方式写这本书的想法。没想到，短短几天内就有几千人付费购买了这个刚刚启动的专栏。

有了几千位创始读者的支持，我们最初的疑虑（比如"写了这本书没人看怎么办"）烟消云散。我们动力满满，目标也更清晰——为了这几千位创始读者也要好好写下去。

　　更为惊喜的是，连载过程中，很多热心的创始读者不断与我们互动、给我们反馈——小到某些错别字，大到对案例的疑问或对章节主题的建议等，纷纷提出和这本书相关的问题。这就让原本在图书出版后才可能获得的反馈，提前出现在了创作过程中。这些反馈帮我们及时调整了后续的写作方向。

　　除此之外，创始读者在本书的社群里也经常讨论相关话题；我们还做过几场视频直播，和大咖连麦，交流记笔记的方法，并对读者的典型问题进行答疑——这些都为本书的创作增添了许多新的灵感与素材。

　　你看，我们通过在小报童上开通专栏连载这本书，通过这种"慢直播"的方式，把原本孤单、漫长的写作过程，变成了一个需要在固定周期内交付且拥有高频反馈的事情。并且由于提前得到了大家的预付支持，这笔良性的"债务"也倒逼我们必须保质保量地完成创作。从某种意义上说，这种良性的压力，正是我们之前创作所缺少的根本动力之一。

　　当然，在实践过程中，我们也踩了不少坑。比如刚开始高估了自己的创作速度和创作能力，遇到意外就想拖稿；比如连载时对整体结构的考虑不充分，导致进入编辑出版环节时，我们又大幅调整了整本书的结构——这里必须要感谢一下编辑老师们，如果不是他们帮忙提出修改意见、督促修订，恐怕这本书还要晚半年才能面世。

那么最终结果如何呢？从立项伊始到进入编辑出版环节，这场"慢直播"累计有超过 6000 位创始读者参与，其中一部分读者还形成几十个微信群，提供了几百条宝贵的反馈。这一切对于我们来说，已经远远超过预期。

以上就是这本书的诞生过程。如果你也想写一本书，但迟迟没有动手，或许可以试试这种"慢直播"的方式。如果你有兴趣尝试，我们在小报童（https://xiaobot.net）等你交流。希望你能比我们获得更好的成绩，踩更少的坑。

在整个"慢直播"过程中，我们要感谢每一位创始读者的支持。为表达感谢，我们如约把大家提交的小报童昵称印成了一张致谢页，附在书的最后。不仅如此，我们还做了一个电子版感谢墙，欢迎扫码查看。

扫码查看创始读者感谢墙

除了创始读者，我们还要感谢曹将、成甲、刘飞的时间与分享。在专栏写作过程中，他们不但作为嘉宾与我们连麦直播，还毫无保留地分享了自己记笔记的习惯与方法，其中不少案例都被收录到这本书里，在此表示由衷的感谢。

一本实体书的交付，离不开专业团队的支持。在这里，我们要感谢得到图书，以及得到 App 诸位同仁的倾力相助。如果没有大家的支持，我们可能很难有勇气修订整本书，并按时交付。

感谢我们的编辑丁丛丛帮忙梳理了整本书的框架,并站在读者角度提出许多建议,还帮我们安排了多次"专家会诊",陪伴和支持我们熬过了这本书艰难的重构时刻。

感谢白丽丽老师的统筹和帮助,感谢陈宵晗、许晶、张羽彤、刘欢、胡舒迪、韩琳在营销和渠道方面的支持,感谢张慧哲在书稿审校方面的支持,感谢周跃在装帧设计方面的支持。

感谢宣明栋老师,宣老师在策划阶段对本书提出的灵魂拷问,以及对方法论的提取概括能力让我们叹为观止,也帮我们理顺了整本书的结构。

感谢罗振宇老师、脱不花老师为本书提供的宝贵建议,感谢他们从定位、书名等各个方面给予的启示和帮助。

最后还要感谢flomo团队的所有成员,在我和Light花费大量时间创作期间,确保了flomo产品的稳定与迭代;感谢兴宇LUXU为flomo设计的logo和字体;感谢我和Light各自的家人在我们创作期间给予的支持与理解;感谢我们的朋友范冰、古典对本书提出的建议,给予的支持和反馈。

虽然有诸多遗憾和缺陷,但《笔记的方法》1.0版本至此完结。希望几年以后,我们能为你带来这本书的2.0版本。如果你有关于这本书的建议,欢迎通过邮箱 book@flomo.app 与我们联系。

图书在版编目（CIP）数据

笔记的方法 / 刘少楠，刘白光著. -- 北京：新星出版社，2024.1（2024.1 重印）
ISBN 978-7-5133-5316-8

Ⅰ.①笔… Ⅱ.①刘…②刘… Ⅲ.①学习方法 Ⅳ.① G791

中国国家版本馆 CIP 数据核字 (2023) 第 178020 号

笔记的方法

刘少楠　刘白光　著

责任编辑	白华召	**封面设计**	周　跃
策划编辑	丁丛丛　张慧哲	**版式设计**	别境 lab　周　跃
营销编辑	陈宵晗　chenxiaohan@luojilab.com	**责任印制**	李珊珊
	许　晶　xujing@luojilab.com		
	张羽彤　zhangyutong@luojilab.com		

出 版 人　马汝军
出版发行　新星出版社
　　　　　　（北京市西城区车公庄大街丙 3 号楼 8001　100044）
网　　址　www.newstarpress.com
法律顾问　北京市岳成律师事务所
印　　刷　北京盛通印刷股份有限公司
开　　本　635mm×965mm　1/16
印　　张　18.25
字　　数　208 千字
版　　次　2024 年 1 月第 1 版　2024 年 1 月第 3 次印刷
书　　号　ISBN 978-7-5133-5316-8
定　　价　69.00 元

版权专有，侵权必究；如有质量问题，请与发行公司联系。
发行公司：400-0526000　总机：010-88310888　传真：010-65270449